DOCUMENTS OFFICIELS

RELATIFS AU SÉNATUS-CONSULTE DU 4 JUILLET 1866

SUR LA

CONSTITUTION DES COLONIES

DE LA

MARTINIQUE, DE LA GUADELOUPE ET DE LA RÉUNION.

1° Exposé des motifs d'un sénatus-consulte modificatif du sénatus-consulte du 3 mai 1854, sur la constitution des colonies de la Martinique, de la Guadeloupe et de la Réunion.

Messieurs les Sénateurs, le projet de sénatus-consulte soumis à vos délibérations a pour objet de modifier plusieurs dispositions du sénatus-consulte du 3 mai 1854, qui règle la constitution de la Martinique, de la Guadeloupe et de la Réunion.

Avant d'indiquer au Sénat les modifications qui sont proposées, il importe de faire remarquer que les bases essentielles sur lesquelles repose la constitution de ces trois colonies sont maintenues dans le nouveau projet.

Ainsi, sans parler de l'abolition de l'esclavage solennellement affirmée en 1854, et à laquelle personne ne songera jamais à porter atteinte, la part de puissance législative réservée au Sénat en ce qui concerne l'exercice des droits politiques, l'état civil des personnes, la distinction des biens, les différentes modifications de la propriété et les manières de l'acquérir, l'institution du jury, la législation en matière criminelle, et l'application aux colonies du principe de recrutement des armées de terre et de mer, est complétement respectée.

Toutes les matières que le sénatus-consulte a placées dans le domaine des règlements d'administration publique attribués au conseil d'État, sont également maintenues, sauf un point (le mode d'assiette et les règles de perception des taxes coloniales), sur lequel nous reviendrons plus tard.

Il en est de même des matières soumises au régime des décrets impériaux ; des dispositions relatives à la haute autorité du gouverneur, aux conseils privés, au comité consultatif placé près du ministre de la marine et des colonies, et enfin à tout ce qui touche à l'organisation des conseils municipaux et des conseils généraux.

Lorsque le sénatus-consulte a réglé l'organisation de ces conseils, on n'a pas pensé qu'on pût, sans de véritables dangers, appliquer à nos possessions d'outre-mer le principe sur lequel repose le droit électoral dans la métropole ; le Gouvernement croit encore aujourd'hui que le moment n'est pas venu d'en faire l'application pour ces populations d'origines différentes, et dans lesquelles bien des passions, bien des préjugés n'ont pas encore entièrement disparu.

En résumé, les principes généraux qui viennent d'être rappelés et qu'avait sagement posés le sénatus-consulte de 1854, sont respectés dans le projet qui vous est soumis, et c'est uniquement dans quelques parties du régime administratif, commercial et financier que des modifications sont proposées.

Sans doute, ces modifications ne laissent pas d'être considérables, car il s'agit d'accorder aux conseils généraux des colonies des attributions importantes, de les appeler à se prononcer sur des matières qui étaient réservées à la décision d'autorités supérieures ; mais le Gouvernement considère ces modifications comme nécessaires tout à la fois pour donner satisfaction aux désirs de nos possessions d'outre-mer de régler, selon leurs besoins légitimes, leurs affaires locales, et en même temps, pour affranchir le budget de l'État de charges qu'il ne lui paraît pas juste de faire toujours supporter par la métropole.

Ces désirs des colonies, on se le rappelle, ont été plus d'une fois signalés au Sénat lui-même qui, depuis 1861, a eu à s'occuper de pétitions, témoignant au moins de quelques-uns de leurs vœux au sujet du règlement de leurs propres intérêts.

Au surplus, avant de formuler un projet, le département de la marine a voulu prendre l'avis des gouverneurs ainsi que des conseils généraux et des conseils privés sur les modifications qu'on pouvait introduire dans leur organisation, et, si sur différents points les opinions ont varié, toutes se sont accordées sur la nécessité d'augmenter les attributions des conseils généraux.

Le comité consultatif, de son côté, a aussi pensé que les attributions des conseils généraux devaient être élargies, et il a surtout insisté, comme toutes les colonies, pour que ces conseils ne demeurassent pas étrangers à la fixation des tarifs des douanes ; de plus, le comité a été d'avis que l'inscription permanente au budget de la métropole de certaines dépenses pour les services civils lorsque le trésor public ne percevait absolument aucun des impôts qui, en France, lui sont dévolus, ne pouvait être maintenue, et qu'ainsi il était convenable d'apporter quelques modifications à la nomenclature des dépenses que le sénatus-consulte de 1854 a mises à la charge de l'État.

C'est à la suite de ces enquêtes, de ces avis, des discussions dans les divers conseils et dans le sein du comité consultatif, et des délibérations du conseil d'État que le Gouvernement a adopté le projet qu'il nous reste à vous faire connaître.

Par le projet, dont un certain nombre de dispositions sont empruntées à la loi du 10 mai 1838, les conseils généraux des colonies sont appelés tantôt à *statuer*, tantôt à *délibérer*, tantôt à *donner leur avis;* ils statuent sur des affaires dont le règlement leur est entièrement dévolu ; ils délibèrent sur des affaires qui, à raison de leur nature, doivent, pour être définitivement réglées, être soumises ensuite à l'appréciation d'une autorité supérieure ; enfin ils donnent leur avis sur des questions dont la solution touche à des intérêts d'un ordre plus élevé.

On sait que cette distinction entre les trois ordres d'attributions des conseils généraux a été établie avec soin dans la loi de 1838.

Le projet entend l'appliquer pour toutes les matières dont les conseils des colonies auront à s'occuper; seulement il étend le cercle des affaires soumises à l'examen de ces conseils.

Art. 1 et 2. D'après le projet, les conseils généraux statueront :

1° Sur les acquisitions, aliénations et échanges des propriétés mobilières et immobilières de la colonie, quand ces propriétés ne sont pas affectées à un service public ;

2° Sur le changement de destination ou d'affectation des propriétés de la colonie, lorsque ces propriétés ne sont pas affectées à un service public ;

3° Sur le mode de gestion des propriétés de la colonie ;

4° Sur les baux de biens donnés ou pris à ferme ou à loyer, quelle qu'en soit la durée ;

5° Sur les actions à intenter ou à soutenir au nom de la colonie, sauf, dans les cas d'urgence, où le gouverneur peut intenter toute action ou y défendre, sans délibération du conseil général, et faire tous actes conservatoires ;

6° Sur les transactions qui concernent les droits de la colonie ;

7° Sur l'acceptation et le refus des dons et legs faits à la colonie sans charge ni affectation immobilière, quand ces dons et legs ne donnent pas lieu à réclamation ;

8° Sur le classement, la direction et le déclassement des routes ;

9° Sur le classement et la direction des chemins d'intérêt collectif ; la désignation des communes qui doivent concourir à l'entretien de ces chemins et les subventions qu'ils peuvent recevoir sur les fonds locaux, le tout sur l'avis des conseils municipaux ;

10° Sur les offres faites par les communes, par des associations ou des particuliers, pour concourir à la dépense des routes, des chemins ou d'autres travaux à la charge de la colonie ;

11° Sur les concessions à des associations, à des compagnies ou à des particuliers, de travaux d'intérêt local ;

12° Sur la part contributive de la colonie dans la dépense des travaux à exécuter par l'État, et qui intéressent la colonie ;

13° Sur les projets, plans et devis des travaux exécutés sur les fonds de la colonie ;

14° Sur les assurances des propriétés mobilières et immobilières de la colonie ;

15° Sur l'établissement et l'organisation des caisses de retraite ou autres modes de rémunération en faveur du personnel autre que le personnel emprunté aux services métropolitains.

Pour toutes ces affaires, le projet ne voit aucun inconvénient à

laisser le soin de les régler aux conseils généraux des colonies.
Il s'agit là de sujets qui ne touchent qu'aux intérêts locaux ; sans
doute; il importe que ces intérêts soient intelligemment dirigés :
mais les conseils généraux, composés d'hommes choisis parmi
les colons les plus distingués, sont si bien placés pour les connaître, qu'on ne saurait douter qu'ils n'apportent tous leurs
soins à les ménager, à éviter tout ce qui pourrait les compromettre, et tout ce dont ils seraient les premiers à souffrir.

Les conseils généraux statueront donc définitivement sur toutes
les affaires qui viennent d'être indiquées. Toutefois, le projet n'a
pu méconnaître qu'il pouvait se faire qu'un conseil général, dans
l'exercice de cette autorité, sortît du cercle tracé à ses attributions, et ne fût même amené à violer une disposition constitutionnelle, une prescription d'un sénatus-consulte, d'une loi, d'un
règlement d'administration publique.

Dans ce cas, c'est au gouverneur à demander, dans le délai
d'un mois, à partir de la clôture de la session, l'annulation de
cette délibération du conseil général. Cette annulation est prononcée, s'il y a lieu, sur le rapport du ministre de la marine, par
décret de l'Empereur, rendu dans la forme des règlements d'administration publique. C'est là le frein imposé pour tout ce qui
pourrait se laisser entraîner sur une pente dangereuse , et il
suffit pour sauvegarder les principes, qu'il faut toujours faire respecter.

En dehors des affaires que nous venons de faire connaître, et
dont le règlement leur est dévolu, les conseils généraux conser-
veront encore le pouvoir de voter les taxes et contributions de
toute nature qu'ils tiennent déjà du sénatus-consulte de 1854
(art. 13) ; mais, de plus, ils seront appelés à voter les octrois de
mer [1] et les tarifs des douanes.

Il y a là, on ne peut le méconnaître, en ce qui touche le tarif
des douanes, une modification assez importante à l'état de choses
existant ; mais c'est, ainsi qu'on l'a fait observer, un des objets
sur lesquels les conseils des colonies, les gouverneurs, le comité
consultatif, ont émis un avis unanime ; tous ont demandé que
les conseils généraux fussent appelés à voter les tarifs des douanes sur les produits étrangers importés dans la colonie. Nous

---

[1] Les octrois de mer existent dans les trois colonies en vertu d'arrêtés
locaux; c'est aux communes qu'ils profitent, sauf un assez faible prélèvement, et ils remplacent avec avantage, pour la perception, les octrois qui
pourraient être établis dans les communes.

n'hésitons pas à vous proposer de leur accorder cette attribution, en réservant toutefois aux décrets de l'Empereur, le conseil d'État entendu, le soin de rendre exécutoires les tarifs ainsi votés.

Vous savez que le sénatus-consulte de 1854 avait voulu que les tarifs des douanes, comme tout ce qui concernait le régime commercial des trois colonies de la Guadeloupe, de la Martinique et de la Réunion, fût réglé par la loi.

Bien que depuis longtemps déjà les colonies ne trouvassent plus sur le marché métropolitain les avantages que le pacte colonial avait dû leur assurer, en retour de ceux que notre industrie et notre commerce maritime avaient dans nos établissements d'outre-mer, cependant le système sur lequel étaient fondés ces marchés réservés n'en subsistait pas moins encore dans une certaine mesure en 1854, et, ainsi que vous l'expliquait votre savant rapporteur, les intérêts de la métropole pouvaient légitimement demander qu'on remît à la réglementation législative tout ce qui se rapportait au régime commercial des colonies.

Mais, depuis 1854, un acte important est intervenu qui a apporté de profondes altérations à ce qui existait alors. La loi du 3 juillet 1861 a détruit, en quelque sorte, ce qui pouvait subsister encore de l'ancien état de choses.

Ainsi, d'après cette loi :

1º Liberté d'importer par tous pavillons toutes les marchandises étrangères admises en France, aux mêmes droits qu'en France;

2º Liberté d'exporter les produits coloniaux à l'étranger sous tous pavillons ;

3º Liberté de se servir des navires étrangers concurremment avec les navires français pour les échanges entre les colonies et la métropole, la métropole et les colonies, ou les colonies entre elles, en dehors des limites du cabotage, mais avec une surtaxe de 30, de 20 et de 10 francs pour les navires étrangers, selon les distances [1].

Telles sont les facultés que la législation de 1861 a données ; elles ont, comme on le voit, fait entièrement disparaître le principe de marchés réservés qui imposait encore aux colonies, sauf quelques exceptions que la force des choses avait introduites, l'obligation de s'approvisionner dans la métropole.

---

[1] C'est cette surtaxe qui doit disparaître en 1869.

Seulement, comme en définitive nos tarifs de douanes sont faits au point de vue exclusif des intérêts de production de la métropole, il en résulte qu'appliqués de plein droit aux colonies, ils ne répondent plus aux besoins de ces établissements, soit parce qu'ils s'opposent quelquefois à un échange avantageux de leurs produits contre des produits étrangers que ces tarifs peuvent éloigner, soit parce qu'ils les privent de ressources qu'une tarification fiscale bien faite, eu égard à leurs habitudes, aurait pu leur procurer sans imposer de gêne à leur consommation.

Aussi les colonies n'ont-elles pas vu leur situation s'améliorer comme on l'avait espéré ; elles ont fait observer que, malgré l'ouverture de leur marché aux importations étrangères, les prix de bien des objets sont loin d'avoir diminué, et que leur industrie sucrière n'a point trouvé de débouchés rémunérateurs, obligée qu'elle est de se présenter sur des marchés où elle rencontre des concurrences placées dans de meilleures conditions qu'elle, grâce aux facilités de toutes sortes et à l'absence de toute entrave.

Et, quant aux revenus coloniaux, ils ont plutôt subi une diminution.

Ainsi, l'île de la Réunion, par l'application des tarifs métropolitains, a perdu une partie des ressources qu'elle retirait de ses douanes ; les tarifs métropolitains n'avaient pas, en effet, à se préoccuper d'imposer les graines fourragères, les tissus de coton des Indes. Les intérêts de notre agriculture et de nos fabriques ne le réclamaient pas plus que les intérêts du fisc, mais pour la colonie de la Réunion il en était tout autrement.

L'introduction du *grain* dont on se sert pour l'alimentation des bêtes de trait, ainsi que l'introduction des cotonnades nécessaires aux vêtements des coolies, comptaient pour une somme fort importante dans les recettes de ses douanes, sans que la consommation ait eu à s'en plaindre.

C'est en présence de ces faits, en présence des réclamations unanimes de toutes les autorités coloniales, de tous les conseils et du comité consultatif, que nous venons vous proposer de laisser au conseil général le soin de voter les tarifs des douanes sur les produits étrangers importés dans la colonie. Seulement, et c'est une sérieuse garantie, ces tarifs ne pourront être rendus exécutoires que par un décret impérial rendu, le conseil d'Etat entendu.

Cette attribution nouvelle, il a semblé équitable de la donner aux conseils généraux ; car depuis que les colonies n'ont plus eu dans la métropole un marché réservé, depuis qu'elles n'y ont plus trouvé, pour leur produit le plus important, d'autre protection que celle résultant d'une détaxe qui, dans quelque temps, va complétement cesser (loi du 7 mai 1864), il est juste qu'elles puissent se procurer à un aussi bon compte que leurs concurrents les objets qui leur sont nécessaires et que des tarifs de douanes, combinés dans un tout autre intérêt que le leur, ne viennent pas y mettre obstacle.

Dans tous les cas, cette attribution ne peut qu'être avantageuse pour les colonies; car leurs tarifs de douanes seront évidemment établis par elles au point de vue de leurs besoins, de leurs consommations et des ressources financières qu'ils peuvent leur procurer; et nous la croyons sans danger réel pour la métropole, puisque, d'un côté, ces tarifs ne pourront frapper que les produits étrangers, et que, de l'autre, les colonies, par rapport aux exportations de notre industrie, n'offrent pas un marché bien considérable [1].

Ce marché, d'ailleurs, par cela même que les produits étrangers pourront seuls être soumis à des droits de douanes, sera encore un marché protégé pour les produits métropolitains, alors même que les tarifs seraient moins élevés qu'ils ne le sont en France.

Enfin, ce qui ne saurait laisser de doute sur les avantages réels que notre industrie trouvera toujours dans nos colonies, c'est l'habitude prise par les relations établies depuis si longtemps, c'est le goût, la tradition, en un mot tout ce qui motive les préférences des populations [2].

Art. 3. — Après avoir, dans les deux premiers articles,

---

[1] Dans l'année 1864, les importations de France dans les trois colonies ont été d'une valeur, savoir, pour :

La Martinique	15,250,553 fr.
La Guadeloupe	10,947,926
La Réunion	10,198,867
Total	43,397,346 fr.

Et si, en parcourant les divers articles qui figurent dans la nomenclature des états de douane, on défalque ceux qui, comme nos vins, les objets de mode, etc., ne peuvent être pris que dans la métropole, on voit combien serait réduite la valeur des produits que les colonies pourraient avoir à tirer des pays étrangers. Comparés à la valeur totale des exportations de l'industrie française qui, en 1864, ne se sont pas élevées, pour le *commerce spécial*, à moins de 2 *milliards* 924 *millions*, ces chiffres deviendraient sans grande importance.

[2] A Maurice, où les produits français ont à supporter toute concurrence,

déterminé les matières sur lesquelles les conseils généraux seront appelés à statuer et à voter , le projet fait connaître par
l'article 3 les objets sur lesquels ils auront à *délibérer*, et renvoie
à un règlement d'administration publique le soin de fixer le mode
d'approbation des *délibérations* prises par les conseils généraux.

La nomenclature de ces affaires , sur lesquelles les conseils
généraux sont appelés à délibérer, suffit pour montrer qu'à raison de leur nature il était nécessaire de soumettre les délibérations auxquelles elles doivent donner lieu à l'approbation d'une
autorité supérieure , et comme , selon les différents objets auxquels ces délibérations s'appliquent , il importe qu'elles soient
approuvées par des autorités différentes , il était tout naturel de
remettre au règlement le pouvoir de déterminer ces autorités.

La remarque la plus importante qu'il convient de faire au sujet
de cet article 3, c'est que les conseils généraux seront appelés
à délibérer sur le mode d'assiette et les règles de perception des
contributions et des taxes ; le sénatus-consulte de 1854 avait
réservé cette matière au règlement d'administration publique.
Il a paru convenable d'en faire l'objet des délibérations des conseils généraux , délibérations d'ailleurs soumises , on le répète ,
à l'approbation d'une autorité supérieure que le règlement d'administration publique déterminera.

Art. 4.—Enfin, aux termes de l'article 4, les conseils généraux
auront à donner leur avis sur les changements proposés à la
circonscription des cantons , des communes ; sur la désignation
des chefs-lieux , sur les difficultés relatives à la répartition des
dépenses qui intéressent plusieurs communes , ainsi que sur
toutes les questions d'intérêt colonial dont la connaissance leur
est réservée par un règlement ou sur lesquelles ils sont consultés
par les gouverneurs.

Art. 5. — Quant aux séances des conseils généraux , ainsi
que l'a prescrit le sénatus-consulte de 1854 , elles ne seront pas
publiques ; seulement ces conseils auront le droit que la loi
de 1838 accorde aux conseils généraux en France :

1° D'ordonner la publication de tout ou partie de leurs délibérations , sans que les noms des membres qui ont pris part
aux discussions y soient mentionnés ;

---

la valeur exportée *directement* par la France a été, en 1864, de 13 ou
14 millions, c'est-à-dire presque autant que dans chacune de nos colonies ;
et si on connaissait la valeur des produits français qui, par l'intermédiaire
du commerce anglais, ont été introduits, on arriverait à un chiffre autrement considérable.

2° D'adresser directement au ministre , par l'intermédiaire de leurs présidents , les réclamations qu'ils auraient à présenter dans l'intérêt spécial de la colonie , ainsi que leur opinion sur l'état et les besoins des différents services publics.

Art. 6 à 11. — Les articles suivants du projet sont consacrés à l'organisation du régime financier. Il importait d'abord de déterminer quelles dépenses seraient mises à la charge des colonies, quelles seraient celles qui incomberaient à l'État, enfin quelles compensations le Trésor public pourrait réclamer des colonies pour les dépenses dont il serait chargé.

On sait que, lorsque l'assemblée constituante établissait les bases de la législation relative aux contributions dans les colonies, elle avait adopté pour principe que si les colonies n'avaient pas à concourir aux dépenses de la métropole, elles devaient suffire à leurs propres dépenses ainsi qu'à celles qu'elle leur imposerait.

« Les contributions perçues dans la colonie — portait le décret du 10 juin 1791 — ne pourront excéder les frais de son gouvernement et de sa protection en temps de paix et ceux de ses dépenses locales; toute contribution perçue dans la colonie sera appliquée à cet objet. »

Ainsi l'Assemblée constituante avait pensé que les colonies ne devaient être pour la métropole ni une source de revenus, ni une cause de dépenses.

Ce principe se retrouva dans l'ordonnance royale qui, en 1825 [1], abandonnait aux colonies tous leurs revenus, de quelque nature, de quelque origine qu'ils fussent, en même temps qu'elle leur imposait toutes les dépenses; de plus, les colonies durent supporter les suppléments coloniaux des services militaires.

Ce système servit encore de base à leurs budgets après la loi du 24 avril 1833.

Toutefois, les colonies furent alors exonérées des suppléments coloniaux des troupes ; elles durent seulement supporter les suppléments de la gendarmerie.

Mais en 1841, la loi du 25 juin qui rattacha au budget de l'État les recettes et les dépenses de la Martinque, de la Guadeloupe, de la Réunion et de la Guyane, établit la nomenclature des dépenses du service général mises à la charge de l'Etat, en regard desquelles elle plaça les recettes perçues au profit du trésor pu-

---

[1] Ordonnance du 26 janvier 1825.

blic [1], abandonnant les autres recettes à voter par les conseils coloniaux pour le service local.

Le sénatus-consulte du 3 mai 1854 n'a reproduit aucun de ces systèmes; il a, dans son article 14, ordonné qu'il serait pourvu dans les trois colonies, par des crédits ouverts au budget général de la métropole, aux dépenses de gouvernement, d'administration générale, de justice, de culte, de subvention à l'instruction publique, de travaux et de services de ports, des agents divers, aux dépenses d'intérêt commun, et généralement à toutes les dépenses dans lesquelles l'État aurait un intérêt direct, laissant d'ailleurs toutes autres dépenses à la charge des colonies.

Mais le sénatus-consulte de 1854 n'a fait réserve d'aucune recette au profit de l'État, et il s'est borné à déclarer, par son article 15, que les colonies dont les ressources contributives seraient reconnues supérieures à leurs dépenses locales pourraient être tenues par la loi de finances de fournir un contingent au Trésor public.

Ainsi les recettes de toute nature, celles mêmes qu'avait réservées la loi de 1841, étaient abandonnées aux colonies; le décret du 26 septembre 1855 l'a établi de la manière la plus précise [2], et nos trois grands établissements d'outre-mer se sont dès lors trouvés affranchis de toute contribution pour le trésor public, tandis que, au contraire, le budget de l'État avait à fournir les crédits nécessaires aux divers services indiqués par le sénatus-consulte. Quant au contingent à imposer pour le trésor public aux colonies dont les ressources contributives seraient reconnues supérieures à leurs dépenses locales, il n'en a été question dans

---

[1] Droits d'enregistrement et d'hypothèques, droit de timbre, droits de greffe et perceptions diverses, droit de douanes à l'entrée des marchandises, droits de navigation et de port.

[2] Art. 39 du décret du 26 septembre 1855 :

« Sont comprises dans le budget local ordinaire les recettes suivantes : les taxes affectées aux dépenses ordinaires des colonies, savoir : droits de sortie sur les denrées coloniales, représentatifs de l'impôt foncier; droits sur les terres cultivées en produits non soumis aux droits de sortie; droits sur les maisons; contributions mobilière et personnelle, patentes; droits d'enregistrement, de timbre et d'hypothèques; droit de douanes à l'entrée des marchandises ; droits d'entrepôt; taxes de navigation; droits sur la fabrication et la vente des spiritueux; poste aux lettres; produits divers dévolus au service local;

« Les revenus des propriétés coloniales:—toutes les ressources auxquelles il n'a pas été donné d'affectation spéciale, enfin les subventions accordées. s'il y a lieu, par la métropole, en exécution de l'article 14 du sénatus-consulte de 1854. »

aucune loi de finances, les colonies ayant vu l'augmentation de leurs dépenses locales suivre et quelquefois devancer l'augmentation de leurs recettes, tandis que, en même temps, croissaient aussi les charges de l'État [1].

Le projet qui vous est soumis, Messieurs les Sénateurs, tout en s'inspirant de la pensée qui avait dicté le décret de l'Assemblée constituante, n'a pas cru qu'on pût faire l'application immédiate et complète du principe que cette asssemblée avait posé ; mais il lui a paru nécessaire de montrer que si, dans aucun cas, les trois colonies n'auraient à fournir de contributions dans l'intérêt de la métropole, elles auraient à supporter toutes leurs dépenses locales, et, comme complément légitime de ces dépenses, pourraient avoir encore à donner un contingent dont le montant ne devrait pas, au surplus, dépasser les suppléments coloniaux des services militaires et les dépenses des services civils que l'État conservait à sa charge, et qui, dans l'intérêt de la dignité de ces services, devaient continuer à figurer au budget de l'État.

L'article 6 du projet a donc déclaré que le budget de la colonie comprenait :

1° Les recettes de toute nature ;

---

[1] Il n'est pas sans intérêt de voir combien, en moins de dix années, les recettes se sont accrues dans les trois colonies :

RECETTES :

Exercice 1856.

Martinique............	2,532,962	
Guadeloupe...........	2,573,633	8,190,004 fr.
Réunion..............	3,112,409	

Exercice 1860.

Martinique...........	2,983,939	
Guadeloupe...........	3,555,976	11,506,965
Réunion..............	4,962,050	

Exercice 1865.

Martinique	3,351,279	
Guadeloupe...........	3,167,355	12,223,786
Réunion..............	5,504,151	

Mais, en même temps, les dépenses augmentaient, et, seulement en ce qui concernait les dépenses obligatoires, elles s'élevaient, pour les trois colonies, de 2,840,574 francs en 1856, à 4,932,533 francs en 1865.

Quant aux dépenses à la charge de l'État, elles étaient, en 1856, de.. 7,464,000 fr.

Et en 1865, de 8,839,050

Ce qui fait ressortir une augmentation de................ 1,375,050 fr.

2° Toutes les dépenses autres que celles relatives :

Au traitement du gouverneur ;

Au personnel de la justice et des cultes;

Au service du trésorier-payeur;

Aux services militaires;

Et, dans la prévoyance que les colonies auraient de sérieux embarras pour supporter aujourd'hui les dépenses qui résulteraient pour elles de ces prescriptions, l'article 7 admet tout à la fois que la loi annuelle des finances pourra leur accorder des subventions et leur imposer des contingents limités d'ailleurs, comme on vient de l'indiquer [1].

Le Sénat voit que, si le projet s'écarte ainsi, dans une certaine mesure, des dispositions des articles 14 et 15 de l'acte de 1854, les modifications introduites ne font en définitive que restreindre la nomenclature des dépenses laissées à la charge de l'Etat et poser des bornes aux contingents à réclamer des colonies.

Seulement, pour que les colonies puissent atteindre le but qu'elles doivent se proposer, il faut que, tout en satisfaisant aux besoins des services sur lesquels l'État a le plus d'intérêt de veiller, elle aient, à côté de la faculté d'augmenter leurs ressources, la liberté de restreindre leurs dépenses et de les appliquer à ce qui leur paraît le plus avantageux.

Quant aux ressources, vous avez vu quelle complète action leur est donnée pour les demander aux contributions et aux taxes de toutes sortes.

Restait donc à établir le cadre de leurs dépenses, de manière que les conseils généraux appelés à les voter ne les vissent pas augmenter en quelque sorte malgré eux. C'est ce que le projet fait en divisant le budget en deux sections : la première comprenant les dépenses obligatoires, et la seconde les dépenses facultatives.

Mais, au lieu de renvoyer au décret impérial, comme l'avait voulu l'article 14 du sénatus-consulte de 1854, le soin de faire la nomenclature des dépenses obligatoires, le projet l'établit lui-même. C'est là une garantie qu'aucune modification n'y sera apportée, et elle est d'autant plus précieuse que l'article 8 a singu-

---

[1] Il n'est pas douteux, et le Gouvernement l'a reconnu, qu'au début de l'application du sénatus-consulte, la loi de finances aura à inscrire, en faveur des trois colonies, une subvention pour les aider à satisfaire aux charges qui leur incombent; mais de sérieux efforts devront être faits pour diminuer ces subventions par les économies que les colonies auront elles-mêmes intérêt à faire.

lièrement restreint le cercle que le décret de 1855 avait tracé pour ces sortes de dépenses.

Mais il ne suffisait pas de diviser, ainsi qu'on vient de l'indiquer, le budget en deux sections, l'une comprenant les dépenses obligatoires, l'autre les dépenses facultatives; il ne suffisait pas même de renfermer dans des limites plus étroites les dépenses obligatoires : il fallait encore que le budget voté dans ces conditions ne pût être modifié qu'autant que le conseil général n'aurait pas satisfait aux nécessités des dépenses obligatoires, ou que les dépenses facultatives votées par lui auraient excédé les ressources ordinaires de l'exercice.

Telles sont aussi les prescriptions du projet.

Le budget délibéré par le conseil général sera arrêté par le gouverneur, mais arrêté dans la limite des droits qui lui sont conférés, et sans pouvoir porter atteinte à ceux dont le conseil général est investi. Le plus souvent, sans doute, grâce à l'entente qui ne cessera d'exister, ce ne sera qu'une simple homologation; toutefois, le projet a dû prévoir le cas où des dépenses obligatoires auraient été omises, où des allocations qui doivent y faire facè seraient insuffisantes, enfin, où le conseil général ne se réunirait pas ou se séparerait sans avoir voté le budget, et, dans ces différentes hypothèses, il a donné à l'autorité supérieure les moyens nécessaires pour parer à toutes ces difficultés dont le législateur doit toujours se préoccuper, alors même qu'elles ne lui semblent pas probables.

En résumé, Messieurs les Sénateurs, le projet de sénatus-consulte qui vous est présenté confère aux conseils généraux des colonies d'importantes attributions, et modifie, dans une certaine mesure, le régime financier de ces établissements.

Il renferme, aux yeux du Gouvernement, et, nous l'espérons, aux vôtres, d'utiles améliorations; il nous paraît suffisamment justifié par les progrès accomplis depuis 1854.

Ce projet, vous l'avez vu, ne soulève aucune de ces questions qui pourraient servir de prétexte pour agiter nos possessions d'outre-mer. C'est sur le terrain même où votre sagesse a fondé l'acte de 1854 que le gouvernement s'est placé; c'est en s'inspirant de votre œuvre, et en respectant les grands principes qui en sont la base, qu'il a formulé le projet qu'il soumet avec confiance à votre approbation. *Le conseiller d'État, rapporteur,*

LOYER.

Les commissaires du Gouvernement sont MM. Loyer et Chamblain, conseillers d'État.

2° Rapport fait par M. le procureur général DELANGLE, au nom de la commission [1] chargée d'examiner le projet de sénatus-consulte relatif à la constitution des colonies de la Martinique, de la Guadeloupe et de la Réunion.

(Séance du Sénat du 15 juin 1866.)

MESSIEURS LES SÉNATEURS,

Le Gouvernement a soumis à la délibération du Sénat un projet de sénatus-consulte dont l'objet est d'apporter des modifications au sénatus-consulte du 3 mai 1854, qui a réglé la constitution de la Martinique, de la Réunion et de la Guadeloupe. C'est une œuvre de législation considérable, et de nature à exercer sur l'avenir des colonies un grave et salutaire effet. Il importe donc de l'examiner avec soin, d'en méditer, d'en peser scrupuleusement toutes les dispositions, et de constater si la pensée libérale dont il procède offre dans sa réalisation des avantages devant lesquels s'efface et disparaît le danger des innovations.

Un coup d'œil rétrospectif sur la législation qui a régi les colonies jusqu'à ce jour, et dont la civilisation, dans sa marche incessante, transforme ou condamne à l'oubli les éléments, quand ils ne répondent plus aux intérêts et aux besoins des populations, est la préface naturelle du travail de la commission. Il est nécessaire pour éclairer d'une complète lumière le caractère et le but du projet en discussion.

Ce qu'était, avant 1789, la situation administrative, judiciaire et commerciale des colonies, tout le monde le sait en cette enceinte.

Toute la puissance de l'administration résidait dans la main de gouverneurs lieutenants généraux ; ils exerçaient une sorte

---

[1] Cette commission était composée de MM. le procureur général Delangle, *président et rapporteur;* Hubert Delisle; le duc de Padoue; le vice-amiral Bouët-Willaumez; Dariste, *secrétaire;* le premier vice-président Boudet; le comte Boulay (de la Meurthe); Lacaze; le premier président de Royer; Le Roy de Saint-Arnaud.

de royauté. Des conseils qualifiés de conseils souverains appliquaient les lois sous la direction d'intendants auxquels était dévolue la juridiction civile et criminelle.

L'esclavage, considéré comme la condition essentielle de la prospérité coloniale, était maintenu avec une rigueur dont on ne pourrait sans chagrin et sans honte peut-être rappeler les témoignages. Enfin les colonies étaient vis-à-vis de la métropole sous un genre de dépendance dont les temps anciens offrent peu d'exemples. Instituées pour faire le commerce à de meilleures conditions qu'on ne le peut faire avec les peuples voisins, parce qu'entre les peuples tous les avantages sont réciproques, on avait établi que la métropole seule pourrait négocier dans les colonies. Un pacte colonial disposait que les produits coloniaux étaient acquis exclusivement au marché métropolitain ; que la navigation entre les colonies et la métropole était réservée au pavillon français ; qu'il en était de même de la navigation intercoloniale ; que, sauf d'insignifiantes exceptions, le marché colonial était fermé aux produits étrangers.

Ce que la Révolution de 1789 devait apporter de changements à ces institutions, on le comprend sans peine. Une loi du 8 mars 1790 ordonnait que les colonies, désormais parties intégrantes de l'empire français, émettraient leurs vœux sur leur constitution et leur législation. Mais les événements marchaient vite ; ils se chargèrent de démontrer à l'Assemblée constituante qu'une assimilation des colonies avec la métropole n'était pas possible ; que les esprits n'étaient pas mûrs pour l'exercice de la liberté politique, et que ce qui importait le plus, était de conjurer, par une prompte résolution, la menace des dangers dont l'horizon était chargé.

Par une loi du 15 juin 1791, l'Assemblée régla dans le plus grand détail tout ce que réclamait l'état de ces sociétés exceptionnelles, leur organisation, leur administration, leur gouvernement, leurs tribunaux, leur clergé, leur force publique ; et la Constitution du 3 septembre 1791 déclara qu'elle n'était pas applicable aux colonies et possessions françaises dans l'Asie, l'Afrique et l'Amérique, quoiqu'elles fissent partie de l'empire français.

Toutes ces dispositions étaient sages, conformes à la saine politique, à l'intérêt public. Elles furent renversées par la Convention. La Constitution de fructidor an v exprima que les colonies seraient soumises à la même loi constitutionnelle que le territoire européen de la France, et par une série de lois des-

tinées à la mise en œuvre du principe adopté, elles furent organisées sur le modèle de la métropole.

C'est la folie des novateurs de ne tenir compte ni des temps,
ni des lieux, ni des mœurs, ni de la disposition des esprits,
quand ils poursuivent l'accomplissement des théories auxquelles,
selon eux, est attaché le salut de l'humanité ; c'est d'oublier que
la semence la meilleure, quand on la jette sur la surface d'une
terre non préparée, quelle qu'en soit la fécondité, ne s'y développe point et périt.

Il est facile sans doute de décréter la liberté politique, mais
les vertus civiques, mais l'intelligence, l'instruction, l'expérience
que réclame la pratique de la liberté, ce n'est pas le décret qui
les donne. A des sociétés dont les instincts et les intérêts sont
distincts, et que séparent les différences de race et de
climat, c'est-à-dire les différences des caractères et des
passions, il faut des institutions différentes. Les assujettir au
même régime est un témoignage d'impuissance ou d'aveuglement.

C'est ce que comprit le génie supérieur sous les inspirations
duquel fut faite et promulguée la Constitution de l'an viii. Appelé
par la Providence à remettre dans l'empire français l'ordre et la
discipline, il y écrivit que « le régime des colonies serait déterminé par des lois particulières. »

Ainsi le comprirent également les gouvernements de 1814 et
de 1830, en insérant dans les Chartes constitutionnelles une
disposition identique, et c'est en conformité de ces réserves,
dictées par la sagesse, qu'ont été publiés les ordonnances, les
règlements, les lois spécialement consacrés à l'organisation de
la société coloniale.

En 1848, au moment où une révolution inattendue venait
raviver des questions qui semblaient, pour longtemps au moins,
condamnées à l'oubli, après une suite de tâtonnements et d'es-
sais plus ou moins heureux, la constitution des colonies était
celle-ci :

A la Guadeloupe, à la Martinique, à la Réunion, un gouverneur nommé par le pouvoir métropolitain, un conseil colonial
composé de membres élus pour cinq ans par des citoyens nés
ou domiciliés dans les colonies, payant un cens ou justifiant de
la possession de propriétés mobilières ou immobilières d'une
valeur déterminée ; des délégués près le gouvernement de la
métropole nommés par le conseil colonial.

Au pouvoir législatif du royaume était réservé le droit exclusif de faire :

1° Les lois relatives à l'exercice des droits politiques ;

2° Les lois civiles et criminelles concernant les personnes libres, et les lois pénales déterminant pour les personnes non libres les crimes auxquels la peine de mort est applicable ;

3° Les lois destinées à régler les pouvoirs spéciaux des gouverneurs en ce qui est relatif aux mesures de haute police et de sûreté genérale ;

4° Les lois sur l'organisation judiciaire ;

5° Les lois sur le commerce, le régime des douanes, la répression de la traite des noirs, et celles qui auront pour but de régler les relations entre la métropole et les colonies.

Au pouvoir exécutif, — la faculté de statuer par ordonnances, les conseils coloniaux ou leurs délégués préalablement entendus :

1° Sur l'organisation administrative, le régime municipal excepté ;

2° Sur la police de la presse ;

3° Sur l'instruction publique ;

4° Sur l'organisation et le service des milices ;

5° Sur les conditions et les formes des affranchissements, et sur les recensements ;

6° Sur les améliorations à introduire dans la condition des personnes non libres qui seraient compatibles avec les droits acquis ;

7° Sur les dispositions pénales applicables aux personnes non libres, pour tous les cas qui n'emportaient pas la peine capitale;

8° Sur l'acceptation des dons et legs aux établissements publics.

Au gouverneur, — tous les attributs du pouvoir et de l'action administrative ; le droit de rendre des arrêtés et des décisions pour régler les matières d'administration et de police, et pour l'exécution des lois, ordonnances et décrets publiés dans la colonie ; le droit de convoquer, de proroger, de dissoudre le conseil colonial, et d'en constituer un nouveau.

Aux conseils coloniaux, — la prérogative de statuer, l'initiative appartenant au gouverneur, sur les matières que des dispositions spéciales ne réservaient point aux lois de l'État ou aux ordonnances royales ; — la discussion et le vote du budget intérieur de la colonie, sauf la sanction du roi ; — la faculté de donner un avis sur les dépenses militaires à la charge de l'État ; — celle aussi de faire connaître ses vœux sur les objets intéressant la colonie, soit par une adresse au roi, soit par un mémoire au gouverneur, selon les cas.

Aux délégués, enfin, — la mission de donner au gouvernement du roi les renseignements relatifs aux intérêts généraux
des colonies,et de suivre auprès des ministres l'effet des délibérations et des vœux des conseils coloniaux.

La Révolution de 1848 a brisé cet édifice. Un décret du
3 mai abolissait l'esclavage dans les colonies ; c'était venger la
dignité humaine du plus lamentable des attentats ; la France ne
pouvait qu'applaudir à cette réhabilitation d'un principe sacré
du droit naturel.

Mais dès le lendemain, le 4 mai, les esclaves de la veille
étaient appelés à l'exercice du droit électoral; le même jour,
la liberté de la presse était décrétée pour les colonies ; le même
jour, les conseils coloniaux étaient supprimés ainsi que les
fonctions de délégués ; le même jour, les commissaires généraux de la République, substitués aux gouverneurs, étaient
investis de pouvoirs extraordinaires.

Que servirait-il d'exposer ce que les affranchis ont fait des
droits qui leur étaient si brusquement conférés, et les commissaires du gouvernement provisoire des pouvoirs dont ils
étaient revêtus ?

On prévoit ce que l'ignorance, les préjugés, les passions
peuvent inspirer de mauvais sentiments, ce qu'ils peuvent
conseiller de fautes !

Un tel état de choses était un danger pour la métropole
comme pour les colonies ; il y fallait pourvoir.

Aux termes de la Constitution qui régit la France, c'est au
Sénat qu'est réservé l'honneur et le droit de régler la destinée
des colonies. Dans le cours de 1853 un projet fut soumis à ses
méditations, et le 3 mai 1854, sur le rapport de notre respec-
table et savant collègue, M. le baron Dupin, un sénatus-consulte
fut voté, propre à réaliser les intentions d'un gouvernement
libéral et sensé, basé sur l'étude des faits et conforme à l'état
des esprits, ouvrant aux hommes intelligents et dévoués l'accès
des affaires du pays, conciliant dans une juste mesure les
intérêts de l'autorité et ceux de la liberté.

En voici l'analyse :

Après avoir rappelé, en s'y associant avec solennité, l'abolition de l'esclavage, le sénatus-consulte « maintient dans leur
ensemble les lois en vigueur et les ordonnances ou décrets
ayant aujourd'hui force de loi :

« 1° Sur la législation civile et criminelle ;

« 2° Sur l'exercice des droits politiques ;

« 3° Sur l'organisation judiciaire ;

« 4° Sur l'exercice des cultes ;

« 5° Sur l'instruction publique ;

« 6° Sur le recrutement des armées de terre et de mer. »

Dans la disposition qui suit, par une juste et légitime préoccupation de ses prérogatives, le Sénat déclare « que les lois,
« décrets et ordonnances ayant force de loi, ne peuvent être
« modifiés que par des sénatus-consultes, en ce qui concerne :

« 1° L'exercice des droits politiques ;

« 2° L'état civil des personnes ;

« 3° La distinction des biens et les différentes modifications
de la propriété ;

« 4° Les contrats et les obligations conventionnelles en général ;

« 5° Les manières dont s'acquiert la propriété, par succession,
« donation entre-vifs, testament, contrat de mariage, vente,
« échange et prescription ;

« 6° L'institution du jury ;

« 7° La législation en matière criminelle ;

« 8° L'application aux colonies du principe de recrutement
« des armées de terre et de mer. »

Les articles qui suivent se réfèrent au régime commercial.
Comme ils sont devenus contre le projet actuel de sénatus-consulte le principe d'une grave objection, nous en citerons le
texte :

Article 4. « Les lois concernant le régime commercial des
colonies sont votées et promulguées dans les formes prescrites
par la Constitution de l'empire. »

Article 5. « En cas d'urgence, et dans l'intervalle des sessions,
le Gouvernement peut statuer sur les matières mentionnées en
l'article 4 par décrets rendus dans la forme de règlements d'administration publique ; mais ces décrets doivent être présentés
au Corps législatif pour être convertis en lois dans le premier
mois de la session qui suit leur publication. »

Les articles 6 et 7 déterminent les matières qui peuvent être
réglées, ou par des règlements d'administration publique, ou
par des décrets ; il est inutile d'y insister. Ce qui importe, c'est
de rappeler l'économie des dispositions touchant à l'organisation.

Aux termes de l'article 9, « le commandement général et la
haute administration, dans les colonies de la Martinique, de la
Guadeloupe et de la Réunion, sont confiés dans chaque colonie
à un gouverneur, sous l'autorité directe du ministre de la marine
et des colonies.

« Le gouverneur représente l'Empereur; il est dépositaire de son autorité. Il rend des arrêtés et des décisions pour régler les matières d'administration et de police, et pour l'exécution des lois, règlements et décrets promulgués dans la colonie.

« Un conseil privé consultatif est placé près du gouverneur. Sa composition est réglée par un décret. »

Les articles 11 et 12 portent :

Le 1ᵉʳ : « Le territoire des colonies de la Martinique, de la Guadeloupe et de la Réunion est divisé en communes.

« Il y a dans chaque commune une administration composée lu maire, des adjoints et du conseil municipal.

« Les maires, adjoints et conseillers municipaux sont nommés par le gouverneur. »

Le 2ᵉ : « Un conseil général nommé, moitié par le gouverneur, moitié par les membres des conseils municipaux, est formé dans chacune des trois colonies. »

L'article 17 complète l'organisation en autorisant la nomination de délégués et décide qu'ils feront partie d'un comité consultatif établi près du ministre de la marine et des colonies.

Quant aux attributions du conseil général, elles sont réglées par l'article 13 :

« Le conseil général, y est-il dit, vote :

« 1° Les dépenses d'intérêt local;

« 2° Les taxes nécessaires pour l'acquittement de ces dépenses et pour le payement, s'il y a lieu, de la contribution due à la métropole, à l'exception des tarifs de douanes, qui sont réglés conformément à ce qui est prévu aux articles 4 et 5;

« 3° Les contributions extraordinaires et les emprunts à contracter dans l'intérêt de la colonie.

« Il donne son avis sur toutes les questions d'intérêt colonial dont la connaissance lui est réservée par les règlements, ou sur lesquelles il est consulté par le gouverneur.

« Les séances du conseil général ne sont pas publiques. »

Mais il est d'autres dépenses que les dépenses d'intérêt local. Il en est qui concernent le gouvernement, l'administration générale, la justice, les cultes, l'instruction publique, les ports ; il en est qui affectent l'intérêt commun, et dans lesquelles l'État peut avoir un intérêt direct : qui devait en porter le poids ? L'article 14 les met à la charge de la métropole, toutes les autres demeurant à la charge de la colonie.

Puis, par la plus légitime des prévisions, on suppose que certaines colonies pourront avoir des ressources supérieures au montant des dépenses locales, tandis que d'autres seront impuissantes à y subvenir. L'article 15 dispose que dans le premier cas un contingent sera fourni par les colonies en voie de prospérité; que dans le deuxième, les colonies pauvres recevront une subvention.

Enfin l'article 16, pour parer aux entraînements de votes irréfléchis, veut que « les budgets et les tarifs des taxes locales, arrêtés par le conseil général, ne soient valables qu'après avoir été approuvés par les gouverneurs, qui sont autorisés à y introduire d'office les dépenses obligatoires auxquelles le conseil général aurait négligé de pourvoir, à réduire les dépenses facultatives, à interdire la perception des taxes excessives ou contraires à l'intérèt général de la colonie, et à assurer, par des ressources suffisantes, l'acquittement des dépenses obligatoires, et spécialement du contingent à fournir, s'il y a lieu, à la métropole. L'article 16 déclare en terminant que — le mode d'assiette et les règles de perception seront déterminés par des règlements d'administration publique. »

Tel est dans son aspect général le sénatus-consulte de 1854. Emprunté pour partie aux souvenirs du passé, il réalisait un progrès: c'était le commencement de l'émancipation. Nul ne doutait que s'il était exécuté par les conseils généraux avec intelligence et loyauté, il ne devint le prélude d'une transformation complète des colonies.

Le Gouvernement l'espérait. Il ne se trompait pas. Les conseils généraux, en s'engageant dans la voie modeste qui leur était ouverte, ont apporté dans l'exercice de leur mandat tant d'aptitude et de dévouement, un sentiment si éclairé et si juste des intérèts de l'État et de ceux de la colonie, qué le Gouvernement, après quelques années d'expérience, a été conduit à rechercher si la part qui leur avait été faite dans les affaires du pays, était en rapport avec l'habileté dont ils avaient donné la preuve, et s'il n'était pas opportun de leur demander des services plus marqués.

Cette libérale préoccupation n'était pas la seule cause qui conseillàt d'apporter des modifications au sénatus-consulte de 1854; d'autres raisons s'y joignaient, également graves, les unes dérivant de l'intérêt des colonies, les autres de l'intérèt de l'État, d'autres encore de la nécessité de mettre les institutions coloniales en rapport avec les résultats chaque jour plus impérieux de la civilisation.

Nous avons expliqué dans les premières pages de ce rapport

quelles étaient les combinaisons du pacte colonial. Ces combinaisons, qui avaient eu leur raison d'être, et qui avaient été pour la marine, pour la métropole, pour les colonies, la source d'avantages précieux, étaient ruinées par le temps. Comment auraient-elles résisté à la contagion de la liberté commerciale? Et comment, au moment où un mouvement irré-sistible d'expansion poussait et renversait les barrières élevées par des systèmes surannés d'exclusion et d'égoïsme, pouvait-on condamner les colonies à n'avoir de relations qu'avec la métro-ole, à ne s'approvisionner que dans la métropole, à s'interdire, quand la vie se retirait d'elles, les spéculations propres à ranimer ur commerce et à ramener dans leur sein une prospérité qui, depuis longtemps déjà, n'était plus qu'un souvenir?

Bon gré mal gré, des exceptions étaient apportées chaque jour au principe qui interdisait aux produits étrangers le marché colonial; et, d'autre part, le privilége dont jouissaient sur le marché français les produits coloniaux, privilége qui formait la compensation des restrictions imposées aux colonies, s'atténuait insensiblement. L'apparition du sucre de betterave lui avait porté un coup fatal. Les colonies se plaignaient; elles réclamaient avec vivacité leur émancipation commerciale; et les chambres de commerce des ports métropolitains, invitées à donner leur avis sur ces réclamations, s'y montrèrent favorables. Elles déclarèrent que l'intérêt du commerce maritime et de la navigation, dont la conservation importe à un si haut degré à la puissance même de la France, ordonnait de les accueillir.

Le Gouvernement estima qu'il n'était pas permis de fermer plus longtemps aux établissements coloniaux l'accès de la voie libérale et féconde ouverte à la France; la question fut mise à l'étude, et, dans le cours de 1861, une loi fut proposée, ayant pour but, tout en conservant au commerce maritime la protection dont il avait encore besoin, d'affranchir les intérêts coloniaux des entraves dont ils se plaignaient. La nature du remède était indiquée par la nature du mal. Le mal procédait de trois causes : — l'obligation imposée aux colonies d'exporter tous leurs produits en France, où la concurrence en abaissait la valeur vénale; — l'obligation de tirer tous les objets de consommation de la France, où l'absence de toute concurrence en élevait le prix ; — l'obligation d'employer soit pour l'importation, soit pour l'exportation, le pavillon français, ce qui rendait le fret sur le marché des colonies irrégulier et cher. Ne semblait-il pas que le remède approprié, le remède sûr, consistait dans la permission d'exporter les produits coloniaux en tous pays ; — de recevoir de toute provenance des objets de consommation ;— de recourir à tout pavillon, soit pour le commerce de vente, soit pour le commerce d'achat? Ainsi pensa le Gouvernement; ainsi, de son côté, pensa le Corps législatif en votant à l'unanimité la réforme qui lui était proposée. Tout le monde espérait que, sous les auspices de la liberté, la fortune coloniale refleurirait. Tout le monde s'est trompé. Le marché de la métropole est resté à peu près le seul marché des colonies, avec un privilége amoindri ; et les revenus, loin d'augmenter, ont subi de la diminution.

N'était-il donc aucun moyen de parer à ces funestes résultats? N'était-il pas possible qu'en laissant les colonies maîtresses des tarifs de douane applicables aux produits étrangers, elles trouvassent des combinaisons propres à augmenter leurs ressources, sans cependant imposer des gênes à la consommation? La question était digne de méditation.

Ne fallait-il pas aussi abandonner le système de subvention, système qui avait si souvent excité les plaintes du Corps législatif?

Dans l'instruction adressée le 10 juillet 1791 aux colonies, pour appeler leurs observations sur la constitution à rédiger, l'Assemblée nationale exprimait l'opinion que les contributions perçues dans une colonie ne pouvaient excéder les frais de son gouvernement et de la protection en temps de paix, non plus que les dépenses locales.

Ces dépenses, était-il dit, sont celles de l'assemblée coloniale, du gouvernement, de la police, de l'administration dans toutes ses parties, de la justice, de la force publique, et de tout ce qui sert à l'entretenir.

Dans ce système, on le voit, les colonies ne devaient être pour la métropole ni une source d'impôts ni un sujet de dépenses ; mais les événements qui se sont succédé, la nécessité de réprimer la traite, le développement de la production du sucre de betterave, l'admission sur le marché français des sucres étrangers, plus tard, l'abolition de l'esclavage et le désastre qui en est résulté pour les finances des colonies, ont-ils jamais permis de pratiquer cette règle?

Dès 1825, le budget de l'État affectait au déficit que présentaient les recettes coloniales une somme de 3,300,000 francs. En 1826, le budget local, astreint à faire face aux dépenses civiles et aux suppléments coloniaux des services militaires, reçoit en compensation toutes les recettes. Plus tard, la dépense acceptée par l'État atteint 5 millions; elle augmente sous le régime de la loi du 25 juin 1841; et enfin elle s'élève à près de 9 millions sous le sénatus-consulte de 1854.

C'était la conséquence de l'obligation que l'État s'était imposée par l'article 14. Un tel état de choses pouvait-il se perpétuer? Ne convenait-il pas de revenir à la règle posée dans l'instruction de 1791, ou tout au moins, si les circonstances n'en permettaient pas l'application rigoureuse, de chercher des combinaisons propres à concilier l'intérêt de l'Etat et l'intérêt des colonies; de consacrer d'abord le principe que les colonies doivent satisfaire à leurs dépenses, et de ne laisser à la charge de la métropole que le contingent qui, répondant à des besoins sociaux et dérivant du principe même de la souveraineté, constitue essentiellement une dette de l'État?

Tel était l'ensemble des questions dont, à la fin de 1863, la solution éveillait au plus haut point les préoccupations de la métropole.

Dans un esprit de justice, auquel on ne peut trop applaudir, le ministre de la marine a voulu que les parties intéressées fussent appelées à donner leur avis; et en conséquence, par une lettre du 16 juin 1864, les gouverneurs de la Martinique, de la Guadeloupe et de la Réunion ont été invités à convoquer en session extraordinaire les conseils généraux et à examiner avec eux les questions suivantes :

Si le temps n'était pas venu d'ajouter aux attributions qu'ils tiraient du sénatus-consulte de 1854 des attributions nouvelles; si même, en raison du milieu dans lequel s'exerçaient leurs fonctions, il ne fallait pas les investir de pouvoirs supérieurs aux pouvoirs dont, sous la loi de 1838, avaient joui les conseils généraux de la France ;

S'il n'échéait pas de modifier les formes établies par le sénatus-consulte de 1854 pour le règlement du régime commercial des colonies; si, notamment, il ne fallait pas donner à leurs représentants la faculté de fixer les tarifs de douanes applicables aux produits étrangers, sous la seule condition d'obtenir la sanction du gouvernement métropolitain ;

S'il n'était pas juste et politique de satisfaire aux vœux si souvent exprimés par les commissions du Corps législatif et par le conseil d'État, de contraindre les colonies à pourvoir à toute dépense qui n'intéresserait pas le principe de la souveraineté, sauf, s'il en était besoin, l'allocation d'une subvention qui les aidât à remplir leurs obligations.

La prévoyance du ministre est allée plus loin ; il a senti, et il faut l'en louer, la nécessité d'être renseigné sur une de ces questions délicates dont il est si difficile d'apprécier les éléments à de longues distances ; il a invité les conseils généraux à déclarer s'ils regardaient comme possible, qu'au moment où les colonies seraient appelées à prononcer directement sur leurs plus chers intérêts, on laissât subsister le régime d'après lequel ses représentants locaux étaient constitués ; si un mode de nomination, qui imposait aux membres d'une assemblée destinée à prononcer sur des intérêts communs une origine différente, n'offrait pas de graves inconvénients ; et, en cas d'affirmative, quel mode de nomination ou d'élection il fallait préférer.

« Si, dans la donnée générale du programme que je viens de tracer, disait le ministre en terminant, la discussion soulève des questions que je n'ai pas prévues, je ne m'oppose point à ce qu'elles soient traitées. Je n'entends, en effet, imposer aucune limite à l'expression calme et sincère des convictions du conseil touchant les réformes sollicitées par quelques-unes de nos colonies, et qui leur ont paru motivées par le progrès qui s'est accompli depuis la promulgation du sénatus-consulte de 1854.

« Le gouvernement de l'Empereur, qui, vous le savez, n'a cessé de marcher dans une voie libérale, a pensé que le moment était venu d'appeler les colonies à prendre une part plus grande à la direction de leurs propres intérêts.

« Après leur avoir donné une liberté commerciale dont des événements malheureux ont pu arrêter l'essor, mais dont elles recueilleront un jour les bienfaits ; après avoir constitué, à leur profit, des institutions de crédit ; après avoir, autant que possible, assimilé leurs lois, leurs règlements aux lois, aux règlements de la métropole, l'intention de l'Empereur est de donner aux colonies les moyens d'user de leur initiative, de leur intelligence et aussi de leur dévouement, pour développer leur prospérité.

« C'est pour cela, Monsieur le Gouverneur, que je viens consulter aujourd'hui leurs conseils. Je ne doute pas que, dans leur désintéressement, les hommes qui les composent ne répondent entièrement à mon appel. Ils comprendront, j'en suis certain, qui si, d'un côté, le temps qui marche entraîne après lui les progrès dont la sagesse veut toujours qu'on tienne compte, de l'autre, ce n'est pas en voulant aller trop vite qu'on arrive sûrement au but. »

Les conseils généraux se sont montrés dignes de la confiance dont ils recevaient le témoignage. Justifiant par avance l'intention de, les initier plus profondément aux affaires de la colonie, ils ont discuté avec autant d'intelligence que de modération les questions d'attributions et les questions d'organisation qui leur étaient soumises. Quoique le projet de sénatus-consulte soit muet sur le dernier point, la commission a pensé que, pour ne rien laisser dans l'ombre, il était indispensable d'expliquer brièvement le résultat des discussions qui s'y rattachent. Vous n'avez pas oublié que la composition des conseils généraux procède actuellement de deux sources : une moitié des conseillers est nommée par le gouverneur, l'autre moitié par les membres des conseils municipaux, lesquels procèdent eux-mêmes du choix du gouverneur.

Trois systèmes étaient proposés en échange : le suffrage universel ; le suffrage restreint émanant d'électeurs censitaires, des fonctionnaires et des capacités de la colonie ; la nomination directe par l'Empereur.

Le suffrage universel a été partout repoussé ; partout a éclaté l'opinion que dans des centres où manque l'éducation politique, où les passions sont ardentes, indomptables, où les préjugés peuvent exercer tant de ravages, ce mode périlleux d'élection ne pouvait être pratiqué ; partout on a reconnu que malgré les efforts tentés par les colons pour s'assimiler la population qu'une brusque révolution a jetée au sein de la famille coloniale, il était impossible de dissimuler que les intérêts étaient restés séparés, et que jusqu'à ce que l'instruction eût éclairé les affranchis et leur eût appris ce qu'ils devaient à la société dont ils étaient devenus membres, il y aurait une imprudence extrême, impardonnable, à les armer d'un droit dont ils étaient incapables d'user avec discernement.

Sur le suffrage restreint, les esprits se sont divisés : repoussé énergiquement par les uns, par cela seul que créer des catégories dont la base était le cens et la capacité, ce serait prendre le contre-pied du droit public consacré par nos lois, il a été accueilli par les autres comme un acheminement à l'application du vote universel ; mais, d'accord sur le principe, on s'est partagé sur la quotité du cens à exiger de l'électeur, sur les conditions de capacité ; il n'y a point eu d'entente dans les diverses colonies.

Quant au troisième mode d'élection proposé, quelle qu'en pût être la valeur, le Gouvernement lui-même n'a pas permis qu'il devînt matière à une discussion en règle.

Or, quel parti prendre en cette conjoncture ? La section du conseil d'État chargée de préparer le sénatus-consulte a pensé que du moment où il était reconnu par les intéressés que le suffrage universel n'était pas praticable, il n'y avait rien de mieux à faire que de maintenir l'état de choses existant, le suffrage restreint n'ayant pas seulement l'inconvénient de heurter les règles du droit public, mais de blesser le sentiment d'égalité, en séparant en deux camps la population, ce qui deviendrait la cause sans cesse renouvelée de récriminations passionnées et jetterait dans les colonies des germes nouveaux d'irritation et de lutte.

Ces raisons ont semblé péremptoires. Aussi, malgré l'opposition qui s'est manifestée dans son sein, opposition dont le but est moins sans doute de réclamer la substitution immédiate d'un système électoral quelconque au mode suivi par la nomination des conseils généraux, que de réserver l'avenir (et qui donc peut avoir la prétention de l'enchaîner?), la commission a donné une adhésion à peu près unanime aux répugnances du conseil d'État, et si le projet de sénatus-consulte avait réclamé la solution de la question, elle aurait décidé que, dans la situation actuelle, le maintien du *statu quo* était aussi nécessaire que politique.

Et ce qui a confirmé la commission dans cette opinion, c'est que le régime actuel de nos colonies diffère peu de celui que la prudence du gouvernement anglais a imposé à une partie des siennes.

La Jamaïque est administrée par un gouverneur assisté d'un conseil privé et d'un conseil législatif, dont les membres, au nombre de trente-deux, sont nommés à vie par la couronne.

L'organisation de la Barbade est la même.

Il est vrai qu'à la Jamaïque et à la Barbade, il y a des assemblées législatives ; mais leurs attributions sont réglées de telle manière que tous les pouvoirs, ou peu s'en faut, sont concentrés dans les mains de l'administration.

A Maurice, le conseil exécutif est composé d'une partie des fonctionnaires de la colonie ; une autre partie entre dans la composition du conseil législatif, et les membres non officiels, au nombre de sept, sont choisis par le gouverneur et nommés par la couronne.

De même à la Trinité, et dans ces deux colonies, il n'existe pas d'assemblée législative.

C'est qu'en définitive, quelles que soient les constitutions des gouvernements métropolitains, l'administration des établissements coloniaux a des nécessités auxquelles la prudence ne permet pas de se soustraire.

Nous entrons maintenant dans les entrailles mêmes du sénatus-consulte, c'est-à-dire dans la question d'attributions.

« Le conseil général, porte l'article 1er du projet, statue :

1° Sur les acquisitions, aliénations et échanges des propriétés mobilières et immobilières de la colonie, quand ces propriétés ne sont pas affectées à un service public ;

2° Sur le changement de destination ou d'affectation des propriétés de la colonie, lorsque ces propriétés ne sont pas affectées à un service public ;

3° Sur le mode de gestion des propriétés de la colonie ;

4° Sur les baux de biens donnés ou pris à ferme ou à loyer, quelle qu'en soit la durée ;

5° Sur les actions à intenter ou à soutenir au nom de la colonie, sauf le cas d'urgence, où le gouverneur peut intenter toute action ou y défendre, sans délibération préalable du conseil général, et faire tous actes conservatoires ;

5° Sur les transactions qui concernent les droits de la colonie ;

7° Sur l'acceptation ou le refus des dons et legs faits à la colonie, sans charges ni affectation immobilière, quand ces dons et legs ne donnent pas lieu à réclamation ;

8° Sur le classement, la direction et le déclassement des routes ;

9° Sur le classement et la direction des chemins d'intérêt collectif, la désignation des communes qui doivent concourir à l'entretien de ces chemins et les subventions qu'ils peuvent recevoir sur les fonds locaux, le tout sur l'avis des conseils municipaux ;

10° Sur les offres faites par les communes, par des associations ou des particuliers, pour concourir à la dépense des routes, des chemins ou d'autres travaux à la charge de la colonie ;

11° Sur les concessions à des associations, à des compagnies ou à des particuliers, de travaux d'intérêt local ;

12" Sur la part contributive de la colonie dans la dépense des travaux à exécuter par l'État et qui intéressent la colonie ;

13° Sur les projets, plans et devis des travaux exécutés sur les fonds de la colonie ;

14° Sur les assurances des propriétés mobilières et immobilières de la colonie ;

15° Sur l'établissement et l'organisation des caisses de retraite ou autres modes de rémunération, en faveur du personnel autre que le personnel emprunté aux services métropolitains.

« Le conseil général vote également les taxes et contributions de toute nature nécessaires pour l'acquittement des dépenses de la colonie.

« Les délibérations prises sur les matières ci-dessus énoncées sont définitives et deviennent exécutoires si, dans le délai d'un mois à partir de la clôture de la session, le gouverneur n'en a pas demandé l'annulation pour excès de pouvoir ou violation d'un sénatus-consulte, d'une loi ou d'un règlement d'administration publique.

« Cette annulation est prononcée, sur le rapport du ministre de la marine et des colonies, par décret de l'Empereur rendu dans la forme des règlements d'administration publique. »

Sur cette somme d'attributions conférées aux conseils généraux et qui en font une sorte de législature locale, aucune contradiction ne s'est élevée dans le sein de la commission ; il eût semblé juste, nécessaire même que dans l'état constaté des faits, tous ces actes de la vie coloniale fussent appréciés souverainement par les représentants légaux des intérêts coloniaux ; à son sens, ce qui peut paraître excessif dans les pouvoirs que reçoivent les conseils, est corrigé par cette réserve que si les lois ont été violées, que si les sénatus-consulte et les règlements d'administration publique n'ont pas été respectés, les délibérations peuvent être annulées par le pouvoir central, après accomplissement de conditions essentiellement propres à garantir l'indépendance des conseils généraux.

La commission s'est bornée à relever quelques omissions et à résoudre, d'accord avec les commissaires du Gouvernement, quelques difficultés de rédaction et d'agencement dont nous croyons inutile d'entretenir l'assemblée ; il suffira, pour les comprendre et les approuver, de jeter les yeux sur le projet de sénatus-consulte rectifié.

Sur l'article 2, au contraire, une discussion grave s'est engagée ; cet article porte :

« Le conseil général vote les tarifs de douanes sur les produits étrangers, naturels ou fabriqués, importés dans la colonie. Les tarifs de douanes, votés par le conseil général, sont rendus exécutoires par décret de l'Empereur, le conseil d'Etat entendu. »

Le Sénat se souvient qu'aux termes du sénatus-consulte de 1854, dont nous avons rappelé le texte, c'est au Corps législatif qu'était déféré le vote de ces questions et que, si le Gouvernement était autorisé à statuer en cas d'urgence et dans l'intervalle des sessions, c'était à la condition que les décrets rendus se-

raient présentés au Corps législatif pour être convertis en lois
dans le premier mois de la session qui suivrait leur publication.
Or, pourquoi enlever au Corps législatif cette attribution? pourquoi ne pas respecter la disposition du sénatus-consulte de 1854
quand il est constant que cette disposition n'était elle-même que
la reproduction de la législation antérieure?

Cette objection a été faite dans les bureaux ; il importe de la
résoudre. Deux questions se présentent : la première, si le
projet de sénatus-consulte peut légalement déroger à la nécessité de l'intervention législative ; la seconde, de fait et d'appréciation, si cette dérogation se justifie par son utilité.

Sur le premier point, il ne semble pas qu'un doute sérieux
puisse s'élever. C'est au Sénat que le pacte constitutionnel a déféré le droit de dicter une constitution aux colonies. Or, la première conséquence qui découle de ce principe, c'est que le Sénat, en vertu du pouvoir constituant qui lui est remis, aurait eu
le droit de déléguer à la couronne son autorité sur les colonies,
c'est-à-dire de perpétuer le régime sous lequel il les trouvait placées ; aucun motif constitutionnel ne s'y opposait.

La seconde conséquence, c'est que le Sénat peut défaire en
1866 ce qu'il a fait en 1854 ; c'est que, si l'expérience a démon-
tré que la mesure qu'il avait édictée est une cause d'embarras
et d'inconvénients, il est pleinement libre de la modifier, de la
transformer, d'y substituer une disposition contraire. Il lui appartient de donner aux institutions qu'il est chargé de fonder le
caractère, l'étendue, les formes qu'il juge les plus conformes à la
justice, les plus favorables au bien public. Il n'est lié dans l'accomplissement de ce grand devoir par aucune des analogies
qu'on pourrait tirer soit des législations précédentes, soit des
institutions en vigueur dans la métropole : les précédents ne
l'obligent que dans la mesure que lui dicte sa prudence. Sans
doute il y a quelque chose de regrettable à retirer au Corps
législatif la mission qu'on lui a confiée ; mais une assemblée politique n'a pas le droit de s'offenser de ce qu'obéissant à la nécessité des circonstances le Sénat ressaisit sa prérogative, et en
use avec une pleine indépendance. A quelles conséquences con-
duirait l'opinion contraire? Il faudrait que, dans la crainte d'é-
veiller des susceptibilités, dont un examen impartial effacera
promptement la trace, le premier corps de l'État laissât som-
meiller son droit, ou, pour parler plus exactement, qu'il oubliât
son devoir, et que, pour se soustraire à la manifestation de mé
contentements imaginaires, il s'exposât à des récriminations

méritées. Or, il est certain que dans les colonies on demande depuis longtemps que les conseils généraux soient investis de la faculté de voter les tarifs de douane et que la sanction de ces votes soit immédiate; la nécessité des ratifications législatives y est considérée comme une cause d'incertitude et de trouble.

En somme donc, le Sénat faisait une légitime application de son pouvoir constituant, quand, en 1854, il proclamait que, dans le cas où le régime commercial des colonies réclamerait des modifications, il y serait pourvu par des lois émanées du Corps législatif, et que si,en raison de circonstances impérieuses, le vote des tarifs de douane avait été soumis à la sanction du pouvoir exécutif, les décrets, pour être définitifs, seraient présentés au Corps législatif et convertis en lois ; il fait une application non moins légitime de son pouvoir en déclarant, en 1866, que, sur l'une des matières qui se rattachent au régime commercial, le vote des conseils généraux sera l'équivalent de la loi, quand il aura reçu la consécration d'un règlement d'administration publique.

Ainsi se justifient les premières dispositions du projet ; mais ce n'est pas seulement dans les actes et les faits dont elles contiennent l'énumération que se concentre la vie publique des colonies. Elles ont d'autres intérêts, d'autres affaires, d'autres besoins qui réclament l'intervention des conseils généraux.

S'agit-il d'emprunts à contracter, de dons et legs à accepter quand ils sont subordonnés à des charges et à des affectations immobilières, ou quand ils sont l'objet de réclamations ; du recrutement des immigrants et de la protection qui leur est due ; de l'assiette des taxes et contributions, et des règles d'après lesquelles doit s'opérer la perception ; des dépenses dont l'acquittement régulier importe à l'État lui-même ; de déterminer le concours de la colonie dans la dépense des travaux qui concernent à la fois et l'être collectif de la colonie et les communes ; de régler les dépenses afférentes aux traitements des aliénés, et à l'entretien des enfants assistés ; d'établir, de changer, de supprimer des foires et des marchés, ces questions appartiennent à l'appréciation des conseils généraux, et c'est à eux d'en préparer la solution. Mais il n'en est pas de ces cas comme de ceux que désigne l'article 1er du projet : les délibérations ne produiront leur effet qu'après avoir été examinées et approuvées par l'autorité supérieure. On sent la raison de cette différence : c'est que dans les cas énumérés dans l'article 3 les conseils généraux peuvent céder à l'entraînement et, en croyant faire le bien des colonies, compromettre gravement leur avenir ; c'est qu'ils peuvent man-

quer de prudence et d'impartialité. Combien de fois, en effet,
n'est-il pas arrivé qu'obéissant au désir de signaler son passage
dans l'administration en fondant des établissements d'une utilité
problématique, un corps délibérant se soit montré enclin à contracter des emprunts et que ces emprunts aient amené la ruine
des intérèts confiés à sa garde !

Combien de fois des legs et dons acceptés imprudemment
et sans avoir regardé d'assez près aux charges qui en formaient
la compensation, sont devenus pour les villes ou les départements auxquels ils s'adressaient l'occasion d'un dommage irré-
parable ! Et pour nous rapprocher spécialement d'un des intérèts propres aux colonies, qui pourrait garantir que pour recruter
des immigrants, un conseil général n'adoptera pas des mesures
de nature à créer avec telle ou telle nation étrangère des embarras et des conflits, ou qu'il n'imposera pas à la colonie des conditions tellement onéreuses que le concours des travailleurs
étrangers sera absolument sans profit?

La surveillance et la ratification que se réserve l'État en ces
circonstances apparaissent, non comme un acte d'immixtion gênant
ou superflu, mais comme une protection nécessaire. Elles se
justifient tout aussi facilement si la délibération a pour objet l'assiette et les règles de perception des contributions et des taxes.
C'est rendre service aux conseils généraux que de les mettre
dans l'impossibilité de prendre des déterminations qui autorisent
à suspecter leurs lumières et leur impartialité. Placés en face de
la nécessité d'une approbation de l'autorité supérieure, ils sont
amenés naturellement à tenir la balance égale entre tous les intérèts confiés à leur sollicitude.

Ainsi des autres cas énoncés dans l'article 3.

La commission a donné à ces dispositions son plein assentiment. Enfin il est dans la vie des sociétés organisées des faits
dont l'appréciation appartient plus spécialement à l'autorité administrative, et pour la solution desquels elle a besoin de toute
sa liberté d'action. Tels sont les changements proposés à la circonscription du territoire des arrondissements, des cantons et
des communes, et à la désignation des chefs-lieux ; telles, les difficultés qui s'élèvent entre plusieurs communes pour la répartition de la dépense des travaux dont la confection les intéresse ;
telles encore, les questions d'intérèt colonial qu'il appartient au
gouverneur de trancher.

Le conseil général, en ces cas divers, n'a pas de solution à imposer, il n'en a pas même à préparer, mais il n'y reste point

étranger ; l'article 4 du projet l'autorise à donner son avis ; son expérience n'est pas perdue pour la colonie.

Ainsi trois situations distinctes sont faites aux conseils généraux des colonies : comme les conseils généraux de la métropole, ils statuent sur certains points, ils délibèrent sur d'autres, à charge de ratification, et se bornent, en des circonstances déterminées, à donner leur avis.

C'est une amélioration considérable du sénatus-consulte de 1854 : les représentants de la propriété et de l'industrie sont admis à prendre une part prépondérante à la discussion, à la délibération, à la solution des questions qui touchent à leurs intérêts. C'est une sorte de pouvoir législatif substitué au régime du pouvoir des gouverneurs.

Mais de toutes les attributions confiées aux conseils généraux, la plus importante est la discussion et le vote du budget. L'article 5 du projet la confirme expressément ; il dispose que le budget comprend :

1° Les recettes de toute nature, autres que celles provenant de la vente ou de la cession d'objets payés sur les fonds généraux du Trésor, et des retenues sur les traitements inscrits au budget de l'État;

2° Toutes les dépenses autres que celles relatives :

Au traitement du gouverneur,

Au personnel de la justice et des cultes,

Aux services du trésorier-payeur,

Aux services militaires.

Le budget voté par le conseil général est arrêté par le gouverneur.

C'est ici, Messieurs, que se réalise une des pensées fondamentales du projet. Aux termes du sénatus-consulte de 1854, la métropole inscrivait à son budget les dépenses concernant le gouvernement des colonies, leur administration générale, la justice, le culte, les subventions réclamées pour l'instruction publique, les travaux et services des ports, les agents divers, les dépenses d'intérêt commun, et généralement les dépenses dans lesquelles l'État avait un intérêt direct.

Les autres dépenses seules demeuraient à la charge des colonies.

Il n'en sera plus de même avec le nouveau sénatus-consulte ; les colonies, appelées à une sorte d'autonomie, sont, comme tous les pays qui vivent de leur vie propre, obligées de satisfaire aux dépenses qu'elle peut entraîner; toutes les recettes leur sont abandonnées ; la fixation des tarifs de douane peut augmenter leurs ressources ; c'est à elles de supporter et de payer les charges qui forment la compensation de tous ces avantages.

Quatre exceptions sont faites à la règle : la première relative au traitement du gouverneur ; la deuxième au personnel de la justice et des cultes ; la troisième au service du trésorier-payeur, la quatrième aux services militaires. Il est de ceci deux raisons : la première, qu'une partie de ces dépenses est une émanation directe, un attribut de la souveraineté ; — la seconde, que certaines dépenses ont un tel caractère que le payement ne peut sans inconvénient en être marchandé ; on n'a pas voulu exposer les conseils généraux à la tentation d'essayer des économies qui ne pourraient être appliquées sans nuire aux services publics ou sans altérer le respect que commandent des situations éminentes dans l'ordre civil.

Toutefois, comme les dépenses d'une nature purement civile maintenues au compte de l'État profitent exclusivement aux colonies, l'article 7 du projet, prévoyant le cas, peu vraisemblable d'ailleurs, où leur prospérité se développerait, dispose que, ce cas échéant, elles pourront être forcées d'y satisfaire ; mais, par contre, le même article décide que si les colonies restent dans un état précaire des subventions leur seront accordées. Mais le système de ces subventions n'avait rien de commun avec les obligations que le sénatus-consulte de 1854 imposait à l'Etat et que chaque année voyait s'accroître. Les budgets en fournissent la preuve authentique. Le sacrifice supporté par l'État sera réglé par la loi de finances ; la position de chacune des parties sera fixée d'avance et d'une manière irrévocable.

Quant aux dépenses en elles-mêmes qui incombent aux colonies, on en a tracé le cadre de manière que les conseils généraux appelés à les voter ne soient pas exposés à les voir se multiplier sans leur assentiment.

Aux termes de l'article 7, elles sont divisées en dépenses obligatoires et en dépenses facultatives : les dépenses obligatoires sont spécifiées, et il suffit d'en parcourir la nomenclature pour se convaincre qu'elles constituent des dettes auxquelles la société coloniale ne peut se refuser. Ce sont :

Les dettes exigibles ;

Le minimum des frais de personnel et de matériel de la direction de l'intérieur, fixé par décret de l'Empereur ;

Les frais de matériel de la justice et des cultes ;

· Le loyer, l'ameublement du mobilier de l'hôtel du gouverneur;

Les frais de personnel et de matériel du secrétariat du gouvernement, des ateliers de discipline et des prisons ;

La part afférente à la colonie dans les frais de personnel et de matériel de l'instruction publique et de la police générale, et dans les dépenses des enfants assistés et des aliénés;

Le casernement de la gendarmerie ;

Le rapatriement des immigrants à l'expiration de leur engagement;

Les frais d'impression des budgets et comptes des recettes et des dépenses du service local et des tables décennales de l'état civil;

Les contingents qui peuvent être mis à la charge de la colonie, conformément à l'article 7;

C'est, en outre, un fonds de dépenses diverses et imprévues, dont le ministre détermine, chaque année, le minimum, et qui est mis à la disposition du gouverneur.

Toutes les autres dépenses sont facultatives.

Aujourd'hui, les dépenses obligatoires, celles qui sont énumérées dans le décret de 1855, sont plus nombreuses et constituent pour les colonies une charge plus lourde. Le projet, rectifiant le décret, les renferme, comme nous l'avons déjà dit, dans les limites des obligations dont l'acquittement régulier intéresse la marche de l'administration et des affaires.

Mais ce n'est pas assez que d'édicter des lois, il faut en assurer le respect. Qu'est-ce qu'une loi dont on peut directement ou indirectement éluder le commandement ?

L'article 8 du projet, reproduisant les prescriptions des statuts métropolitains, dispose : « Si les dépenses obligatoires ont été omises, ou si le gouverneur, en conseil privé, estime que les allocations portées pour une ou plusieurs de ces dépenses sont insuffisantes, le gouverneur y pourvoira provisoirement à l'aide du fonds de dépenses diverses ou imprévues. »

En cas d'insuffisance de ce fonds, il en référera au ministre, qui, sur sa proposition, inscrira d'office les dépenses omises, ou augmentera les allocations.

L'article ajoute : « Il est pourvu par le gouverneur, en conseil privé, à l'acquittement de ces dépenses, au moyen soit d'une réduction des dépenses facultatives, soit d'une imputation sur les fonds libres, ou, à défaut, par une augmentation du tarif des taxes. »

Quant aux dépenses facultatives, l'article 9 met à l'abri des caprices de l'administration les résolutions qu'a pu prendre le conseil général, en déclarant que les dépenses votées à la deuxième section du budget ne seront ni changées ni modifiées par le gouverneur. L'application que le conseil général a faite des fonds de la colonie est sacrée. Il n'y a qu'une exception, et elle es juste, c'est pour le cas où les fonds affectés aux dépenses facultatives seraient nécessaires à l'extinction des dépenses obligatoires. Le payement des dettes qui se réfèrent à des engagements contractés au nom des colonies, comme celui des dépenses, qui, s'il n'avait lieu, compromettrait l'existence de tiers et nuirait à la régularité de l'administration, doit passer avant toute application de fonds coloniaux à des dépenses purement volontaires, utiles peut-être, mais non indispensables.

Dans le cas prévu par cet article, comme dans celui de l'article précédent, l'intervention du ministre de la marine donne une garantie efficace contre les allocations ou les modifications arbitraires que voudrait faire le gouverneur. Le ministre est trop loin et trop haut placé pour s'échauffer de la passion des gouverneurs, et, si des conflits s'élèvent entre eux et les représentants des intérêts coloniaux, n'en pas rester le juge impartial et désintéressé.

L'article 10, prévoyant le cas où le conseil général ne se réunirait pas, et où, par une raison quelconque, il se séparerait sans avoir voté le budget, délègue au ministre de la marine le droit de l'établir d'office, sur la proposition du gouverneur, en conseil privé. Ce n'est pas usurper les fonctions du conseil général que de réparer une omission dont le résultat légal, si on ne la suppléait, serait d'arrêter tous les services.

Le gouverneur, dont le devoir est de les maintenir intacts, obéit à une nécessité de premier ordre quand il fournit au ministre de la marine le moyen de prévenir le danger d'une résolution qui n'a pu être inspirée que par un sentiment de malveillance.

Le sénatus-consulte de 1854, après avoir indiqué dans l'article 13 sur quels objets devaient porter les votes du conseil général et sur quelles matières il pouvait être appelé à donner son avis, se terminait ainsi : « Les séances du conseil général ne sont pas publiques. » L'article 11 du projet reproduit cette prohibition. C'est, vous le savez, Messieurs, la règle suivie dans la métropole. Il l'accompagne de l'autorisation d'ordonner, comme il se pratique aussi dans la métropole, la publication de tout ou partie des délibérations ou procès-verbaux, sans toutefois qu'il

soit fait mention du nom des membres qui ont pris part aux discussions.

Le dernier paragraphe de l'article 2 contient une disposition
d'une importance considérable. Depuis 1854, aucun rapport direct n'existe légalement entre le gouvernement métropolitain et
les représentants locaux des colonies. C'est au gouvernement
que doivent être adressées toutes les réclamations, c'est lui qui
en est l'intermédiaire officiel, le seul intermédiaire près du ministre. Il n'est certes pas besoin d'insister pour montrer les inconvénients d'un tel état de choses, et à quels dénis de justice
les colons peuvent être exposés.

L'article 11 y pourvoit. Il déclare que le conseil général pourra
désormais adresser directement au ministre de la marine et des
colonies, par l'intermédiaire de son président, les réclamations
qu'il aurait à présenter dans l'intérêt spécial de la colonie, ainsi
que son opinion sur l'état et les besoins des différents services
publics de la colonie.

Une dernière disposition contient la désignation des articles
du sénatus-consulte de 1854 qui sont abrogés en tout ou en
partie.

Tel est, messieurs, dans son ensemble et dans ses détails, le
projet de sénatus-consulte que le Gouvernement a soumis à vos
méditations. La commission en a fait une étude approfondie; elle
a cherché la lumière partout où elle espérait la trouver : les délégués des colonies ont été entendus, le présent et le passé
comparés avec scrupule, tous les documents émanés de la marine interrogés avec un soin austère, afin de s'assurer si l'état
des esprits répondait aux intentions libérales du Gouvernement;
et le résultat de l'examen a été que le projet de sénatus-consulte
donnait satisfaction à des besoins réels, et, qu'en le consacrant,
le Sénat ferait acte de sagesse et de bonne politique.

Cette œuvre honore le ministre qui en a pris l'initiative; elle
honore le Gouvernement, qui, marchant résolûment dans sa voie,
fait partout rayonner, quand un intérêt supérieur n'y met obstacle, le flambeau de la liberté.

Tout a été combiné, pondéré, réglé avec la plus louable prudence. Le gouvernement de l'Empereur est resté dans ses habitudes de prévoyance et de grandeur. Ainsi, la solution des
questions générales qui affectent directement les intérêts matériels
et moraux de l'Etat ne cesse point d'appartenir au domaine de la
loi. Le pouvoir exécutif ne se dessaisit pas de ses attributions
éminentes; il garde sous sa tutelle les institutions dont la sage

direction importe au bonheur de toute société civilisée. Quant aux matières qui se rattachent à l'intérêt privé, il en abandonne le maniement aux colonies. Affranchies désormais de tout ce qui peut ressembler à une pression administrative, elles reprennent à ce point de vue leur autonomie. Leur avenir dépend de l'intelligence, de l'énergie, de la persévérance qu'elles montreront.

Les colonies ne sont plus ce qu'elles étaient sous l'ancienne monarchie, une école où se formaient les marins qui ont illustré sur les mers le pavillon français, un centre de commerce florissant et qui trouvait dans l'inépuisable fécondité du sol des éléments sans cesse renaissants de spéculation et de gain. Ce n'est plus le réservoir d'où sortaient les denrées nécessaires à la consommation de la France. Le temps et le progrès ont miné le fondement de ses prospérités; l'industrie moderne les a frappées au cœur. La concurrence se dispute avec acharnement les marchés ouverts à son activité, et ce n'est que par des efforts intelligents, soutenus, retrempés incessamment au feu de la science pratique, que les colonies peuvent, non pas reprendre la splendeur du passé, il n'y faut pas songer, mais conserver leur place au soleil, et c'est aux pouvoirs publics de la métropole de les armer pour le combat.

Mais, quelque sort qui les attende dans la lutte, les colonies ont pour la France un intérêt capital. Ces territoires perdus au milieu des mers sont des postes militaires de premier ordre, nécessaires aux mouvements de nos flottes, nécessaires également à la protection de notre commerce.

La population des colonies est sortie de notre sein. Elle parle notre langue; elle partage notre civilisation et nos goûts; elle est régie par nos lois. En tout temps, elle s'est montrée fidèle à nos traditions nationales. Elle s'est noblement associée à la gloire et aux malheurs de la France. Qu'un témoignage éclatant de sympathie, — et quel témoignage plus précieux pourrait-elle envier qu'un sénatus-consulte dont la base repose sur la confiance qu'inspirent son amour éclairé du bien public et sa ferme volonté d'y consacrer toute l'énergie de ses facultés? — qu'un témoignage de sympathie aille lui apprendre de quel œil la métropole suit ses travaux, et l'anime d'un courage égal aux difficultés qui l'entourent. Puisse cette population si digne d'intérêt persévérer dans la tâche qu'elle a généreusement entreprise, de dissiper les ténèbres dans lesquelles est plongé l'esprit de la race malheureuse qu'un coup de foudre a précipitée dans la liberté sans qu'elle y eût été préparée! Puisse-t-elle ne se pas lasser de lui enseigner cette vérité sainte, que le travail et la moralité sont les conditions imposées par la Providence à la vie des hommes libres! C'est le plus sûr moyen de hâter la complète assimilation des colonies avec la mère patrie.

La commission a l'honneur de proposer au Sénat l'adoption du projet de sénatus-consulte.

PROJET DE SÉNATUS-CONSULTE PORTANT MODIFICATION DU SÉNATUS-CONSULTE DU 3 MAI 1854.

Projet adopté par le Conseil d'État.

ARTICLE PREMIER.

Le conseil général statue :

1° Sur les acquisitions, aliénations et échanges des propriétés mobilières et immobilières de la colonie, quand ces propriétés ne sont pas affectées à un service public;

2° Sur le changement de destination ou d'affectation des propriétés de la colonie, lorsque ces propriétés ne sont pas affectées à un service public;

3° Sur le mode de gestion des propriétés de la colonie;

4° Sur les baux de biens donnés ou pris à ferme ou à loyer, quelle qu'en soit la durée;

5° Sur les actions à intenter ou à soutenir au nom de la colonie, sauf dans le cas d'urgence, où le gouverneur peut intenter toute action ou y défendre, sans délibé-

Projet amendé par la Commission.

ARTICLE PREMIER.

Le conseil général statue :

1° Sur les acquisitions, aliénations et échanges des propriétés mobilières et immobilières de la colonie, quand ces propriétés ne sont pas affectées à un service public;

2° Sur le changement de destination ou d'affectation des propriétés de la colonie, lorsque ces propriétés ne sont pas affectées à un service public;

3° Sur le mode de gestion des propriétés de la colonie;

4° Sur les baux de biens donnés ou pris à ferme ou à loyer, quelle qu'en soit la durée;

5° Sur les actions à intenter ou à soutenir au nom de la colonie, sauf dans le cas d'urgence, où le gouverneur peut intenter toute action ou y défendre, sans délibération du conseil général, et faire tous actes conservatoires ;

6° Sur les transactions qui concernent les droits de la colonie ;

7° Sur l'acceptation ou le refus des dons et legs faits à la colonie sans charges ni affectation immobilière, quand ces dons et legs ne donnent pas lieu à réclamation ;

8° Sur le classement, la direction et le déclassement des routes ;

9° Sur le classement et la direction des chemins d'intérêt collectif, la désignation des communes qui doivent concourir à l'entretien de ces chemins et les subventions qu'ils peuvent recevoir sur les fonds locaux, le tout sur l'avis des conseils municipaux ;

10° Sur les offres faites par les communes, par des associations ou des particuliers, pour concourir à la dépense des routes, des chemins ou d'autres travaux à la charge de la colonie ;

11° Sur les concessions, à des associations, à des compagnies ou à des particuliers, de travaux d'intérêt local ;

12° Sur la part contributive de la colonie dans la dépense des travaux à exécuter par l'État et qui intéressent la colonie ;

13° Sur les projets, plans et devis des travaux exécutés sur les fonds de la colonie ;

14° Sur les assurances des propriétés mobilières et immobilières de la colonie ;

15° Sur l'établissement et l'organisation des caisses de retraite ou autres modes de rémunération, en faveur du personnel autre que le personnel emprunté aux services métropolitains.

Le conseil général vote égale-

ration du conseil général, et faire tous actes conservatoires ;

6° Sur les transactions qui concernent les droits de la colonie ;

7° Sur l'acceptation ou le refus des dons et legs faits à la colonie sans charges ni affectation immobilière, quand ces dons et legs ne donnent pas lieu à réclamation ;

8° Sur le classement, la direction et le déclassement des routes ;

9° Sur le classement, la direction *et le déclassement* des chemins d'intérêt collectif, la désignation des communes qui doivent concourir à l'entretien de ces chemins et les subventions qu'ils peuvent recevoir sur les fonds *coloniaux*, le tout sur l'avis des conseils municipaux ;

10° Sur les offres faites par les communes, par des associations ou des particuliers, pour concourir à la dépense des routes, des chemins ou d'autres travaux à la charge de la colonie ;

11° Sur les concessions, à des associations, à des compagnies ou à des particuliers, de travaux d'intérêt *colonial* ;

12° Sur la part contributive de la colonie dans la dépense des travaux à exécuter par l'État et qui intéressent la colonie ;

13° Sur les projets, plans et devis des travaux exécutés sur les fonds de la colonie ;

14° Sur les assurances des propriétés mobilières et immobilières de la colonie ;

15° Sur l'établissement et l'organisation des caisses de retraite ou autres modes de rémunération, en faveur du personnel autre que le personnel emprunté aux services métropolitains.

Le conseil général vote également les taxes et contributions de toute nature nécessaires pour l'acquittement des dépenses de la colonie.

Il vote les tarifs d'octroi de mer sur les objets de toute provenance, ainsi que les tarifs de douanes sur les produits étrangers, naturels ou fabriqués, importés dans la colonie.

ment les taxes et contributions de toute nature nécessaires pour l'acquittement des dépenses de la colonie;

Les délibérations prises sur ces diverses matières sont définitives et deviennent exécutoires si, dans le délai d'un mois à partir de la clôture de la session, le gouverneur n'en a pas demandé l'annulation pour excès de pouvoir, ou pour violation d'un sénatus-consulte, d'une loi, d'un règlement d'administration publique.

Cette annulation est prononcée sur le rapport du ministre de la marine et des colonies, par décret de l'Empereur rendu dans la forme des règlements d'administration publique.

Art. 2.

Les tarifs de douanes, votés par le conseil général, sont rendus exécutoires par décrets de l'Empereur, le conseil d'État entendu.

Les délibérations prises sur les autres matières énoncées à l'article 1er sont définitives, et deviennent exécutoires, si, dans le délai d'un mois à partir de la clôture de la session, le gouverneur n'en a pas demandé l'annulation pour violation d'une disposition constitutionnelle, d'un sénatus-consulte, d'une loi ou d'un règlement d'administration publique.

Cette annulation est prononcée, sur le rapport du ministre de la marine et des colonies, par décret de l'Empereur rendu dans la forme des règlements d'administration publique.

Art. 2.

Le conseil général vote les tarifs d'octroi de mer sur les objets de toute provenance ainsi que les tarifs de douanes sur les produits étrangers, naturels ou fabriqués, importés dans la colonie.

Les tarifs de douanes votés par le conseil général sont rendus exécutoires par décrets de l'Empereur, le conseil d'État entendu.

Art. 3.

Le conseil général délibère ·
1° Sur les emprunts à contrac-

Art. 3.

Le conseil général délibère :
1° Sur les emprunts à contrac-

ter et les garanties pécuniaires à consentir;

2º Sur l'acceptation ou le refus des dons et legs faits à la colonie en dehors des conditions spécifiées au § 7 de l'article 1er ;

3º Sur le mode de recrutement et de protection des immigrants;

4º Sur le mode d'assiette et les règles de perception des contributions et taxes;

5º Sur les frais de matériel des services de la justice et des cultes; sur les frais de personnel et de matériel du secrétariat du gouvernement, de l'instruction publique, de la police générale, des ateliers de discipline et des prisons;

6º Sur le concours de la colonie dans les dépenses des travaux qui intéressent à la fois la colonie et les communes;

7º Sur la part de la dépense des aliénés et des enfants assistés à mettre à la charge des communes et sur les bases de la répartition à faire entre elles; sur le règlement d'admission dans un établissement public des aliénés dont l'état n'est pas compromettant pour l'ordre public et la sûreté des personnes;

8º Sur l'établissement, le changement ou la suppression des foires et marchés.

Un règlement d'administration publique déterminera le mode d'approbation des délibérations prises par le conseil général en vertu du présent article.

ART. 4.

Le conseil général donne son avis :

Sur les changements proposés à la circonscription du territoire des arrondissements, des cantons

ter et les garanties pécuniaires à consentir :

2º Sur l'acceptation ou le refus des dons et legs faits à la colonie en dehors des conditions spécifiées au § 7 de l'article 1er ;

3º Sur le mode de recrutement et de protection des immigrants ;

4º Sur le mode d'assiette et les règles de perception des contributions et taxes ;

5º Sur les frais de matériel des services de la justice et des cultes ; sur les frais de personnel et de matériel du secrétariat du gouvernement, de l'instruction publique, de la police générale, des ateliers de discipline et des prisons;

6º Sur le concours de la colonie dans les dépenses des travaux qui intéressent à la fois la colonie et les communes;

7º Sur la part de la dépense des aliénés et des enfants assistés à mettre à la charge des communes et sur les bases de la répartition à faire entre elles ; sur le règlement d'admission dans un établissement public des aliénés dont l'état n'est pas compromettant pour l'ordre public et la sûreté des personnes;

8º Sur l'établissement, le changement ou la suppression des foires et marchés.

Un règlement d'administration publique déterminera le mode d'approbation des délibérations prises par le conseil général en vertu du présent article.

ART. 4.

Le conseil général donne son avis :

Sur les changements proposés à la circonscription du territoire des arrondissements, des cantons et des communes, et à la désignation des chefs-lieux ;

Sur les difficultés relatives à la répartition de la dépense des travaux qui intéressent plusieurs communes ;

Et, en général, sur toutes les questions d'intérêt colonial dont la connaissance lui est réservée par les règlements ou sur lesquelles il est consulté par le gouverneur.

Art. 5.

Les séances du conseil général ne sont pas publiques.

Le conseil général peut ordonner la publication de tout ou partie de ses délibérations ou procès-verbaux; les noms des membres qui ont pris part aux discussions ne sont pas mentionnés.

Le conseil général peut adresser directement au ministre de la marine et des colonies, par l'intermédiaire de son président, les réclamations qu'il aurait à présenter dans l'intérêt spécial de la colonie, ainsi que son opinion sur l'état et les besoins des différents services publics de la colonie.

Art. 6.

Le budget de la colonie est délibéré par le conseil général et arrêté par le gouverneur.

Il comprend :

1° Les recettes de toute nature, autres que celles provenant de la vente ou de la cession d'objets payés sur les fonds généraux du Trésor, et des retenues sur les traitements inscrits au budget de l'État ;

2° Toutes les dépenses autres que celles relatives :

Au traitement du gouverneur ;

Au personnel de la justice et les cultes ;

Art. 5.

Le budget de la colonie est délibéré par le conseil général et arrêté par le gouverneur.

Il comprend :

1° Les recettes de toute nature, autres que celles provenant de la vente ou de la cession d'objets payés sur les fonds généraux du Trésor, et des retenues sur les traitements inscrits au budget de l'État ;

2° Toutes les dépenses autres que celles relatives :

Au traitement du gouverneur ;

Au personnel de la justice et des cultes ;

Au service du trésorier-payeur;
Aux services militaires.

Art. 7.

Des subventions peuvent être accordées aux colonies sur le budget de l'État.

Des contingents peuvent leur être imposés jusqu'à concurrence des dépenses civiles maintenues au compte de l'État par l'article ci-dessus et jusqu'à concurrence des suppléments coloniaux de la gendarmerie et des troupes.

La loi annuelle de finances règle la quotité de la subvention accordée à chaque colonie, ou du contingent qui lui est imposé.

Art. 8.

Le budget des dépenses est divisé en deux sections comprenant:

La première, les dépenses obligatoires;

La seconde, les dépenses facultatives.

Sont obligatoires :

Les dettes exigibles ;

Le minimum des frais de personnel et de matériel de la direction de l'intérieur, fixé par décret de l'Empereur;

Les frais de matériel de la justice et des cultes ;

Le loyer, l'ameublement et l'entretien du mobilier de l'hôtel du gouverneur ;

Les frais de personnel et de matériel du secrétariat du gouvernement, des ateliers de discipline et des prisons ;

La part afférente à la colonie dans les frais de personnel et de matériel de l'instruction publique et de la police générale, et dans les dépenses des enfants assistés et des aliénés;

Le casernement de la gendarmerie ;

Au service du trésorier-payeur
Aux services militaires.

Art. 6.

Des subventions peuvent être accordées aux colonies sur le budget de l'État.

Des contingents peuvent leur être imposés jusqu'à concurrence des dépenses civiles maintenues au compte de l'État par l'article ci-dessus et jusqu'à concurrence des suppléments coloniaux de la gendarmerie et des troupes.

La loi annuelle de finances règle la quotité de la subvention accordée à chaque colonie, ou du contingent qui lui est imposé.

Art. 7.

Le budget des dépenses est divisé en deux sections comprenant:

La première, les dépenses obligatoires;

La seconde, les dépenses facultatives ;

Sont obligatoires:

Les dettes exigibles;

Le minimum des frais de personnel et de matériel de la direction de l'intérieur, fixé par décret de l'Empereur ;

Les frais de matériel de la justice et des cultes;

Le loyer, l'ameublement et l'entretien du mobilier de l'hôtel du gouverneur;

Les frais de personnel et de matériel du secrétariat du gouvernement, des ateliers de discipline et des prisons;

La part afférente à la colonie dans les frais de personnel et de matériel de l'instruction publique et de la police générale, et dans les dépenses des enfants assistés et des aliénés ;

Le casernement de la gendarmerie ;

Le rapatriement des immigrants à l'expiration de leur engagement ;

Les frais d'impression des budgets et comptes des recettes et des dépenses du service local et des tables décennales de l'état civil ;

Les contingents qui euvent être mis à la charge de la colonie, conformément à l'article 7.

La première section comprend, en outre, un fonds de dépenses diverses et imprévues, dont le ministre détermine, chaque année, le minimum, et qui est mis à la disposition du gouverneur.

Art. 9.

Si des dépenses obligatoires ont été omises ou si le gouverneur, en conseil privé, estime que les allocations portées pour une ou plusieurs de ces dépenses sont insuffisantes, le gouverneur y pourvoit provisoirement à l'aide du fonds de dépenses diverses et imprévues.

En cas d'insuffisance de ce fonds, il en réfère au ministre qui, sur sa proposition, inscrit d'office les dépenses omises ou augmente les allocations.

Il est pourvu par le gouverneur, en conseil privé, à l'acquittement de ces dépenses, au moyen soit d'une réduction des dépenses facultatives, soit d'une imputation sur les fonds libres, ou, à défaut, par une augmentation du tarif des taxes.

Art. 10.

Les dépenses votées par le conseil général à la deuxième section du budget ne peuvent être changées ni modifiées par le gouverneur, sauf dans le cas prévu par l'article précédent, et à moins que les dépenses facultatives n'excè-

Le rapatriement des immigrants à l'expiration de leur engagement ;

Les frais d'impression des budgets et comptes des recettes et des dépenses du service local et des tables décennales de l'état civil ;

Les contingents qui peuvent être mis à la charge de la colonie, conformément à l'article 7. .

La première section comprend, en outre, un fonds de dépenses diverses et imprévues, dont le ministre détermine, chaque année, le minimum, et qui est mis à la disposition du gouverneur.

Art. 8.

Si des dépenses obligatoires ont été omises ou si le gouverneur, en conseil privé, estime que les allocations portées pour une ou plusieurs de ces dépenses sont insuffisantes, le gouverneur y pourvoit provisoirement à l'aide du fonds de dépenses diverses et imprévues.

En cas d'insuffisance de ce fonds, il en réfère au ministre qui, sur sa proposition, inscrit d'office les dépenses omises ou augmente les allocations.

Il est pourvu par le gouverneur, en conseil privé, à l'acquittement de ces dépenses, au moyen soit d'une réduction des dépenses facultatives, soit d'une imputation sur les fonds libres, ou, à défaut, par une augmentation du tarif des taxes.

Art. 9.

Les dépenses votées par le conseil général à la deuxième section du budget ne peuvent être changées ni modifiées par le gouverneur, sauf dans le cas prévu par l'article précédent, et à moins que les dépenses facultatives n'excèdent les ressources ordinaires de l'exercice après prélèvement des dépenses obligatoires.

Le ministre de la marine et des colonies prononce définitivement sur ces changements ou modifications.

Art. 11.

Si le conseil général ne se réunissait pas ou s'il se séparait sans avoir voté le budget, le ministre de la marine et des colonies l'établirait d'office, sur la proposition du gouverneur, en conseil privé.

Art. 12.

Sont abrogés les articles 13, 14, 15 et 16 du sénatus-consulte du 3 mai 1854 et les dispositions des articles 4 et 5 en ce qu'elles ont de contraire au présent sénatus-consulte.

dent les ressources ordinaires de l'exercice après prélèvement des dépenses obligatoires.

Le ministre de la marine et des colonies prononce définitivement sur ces changements ou modifications.

Art. 10.

Si le conseil général ne se réunissait pas ou s'il se séparait sans avoir voté le budget, le ministre de la marine et des colonies l'établirait d'office, sur la proposition du gouverneur en conseil privé.

Art. 11.

Les séances du conseil général ne sont pas publiques.

Le conseil général peut ordonner la publication de tout ou partie de ses délibérations ou procès-verbaux. Le nom des membres qui ont pris part aux discussions n'est pas mentionné.

Le conseil général peut adresser directement au ministre de la marine et des colonies. par l'intermédiaire de son président, les réclamations qu'il aurait à présenter dans l'intérêt spécial de la colonie, ainsi que son opinion sur l'état et les besoins des différents services publics de la colonie.

Art. 12.

Sont abrogés les articles 13, 14, 15 et 16 du sénatus-consulte du 3 mai 1854 et les dispositions des articles 4 et 5 en ce qu'elles ont de contraire au présent sénatus-consulte.

3° Discussion du projet de sénatus - consulte au Sénat.

(Séance du 19 juin, présidence de S. Exc. le premier président Troplong.)

(MM. Loyer et Chamblain, conseillers d'État, prennent place au banc des commissaires du Gouvernement.)

M. le Président. L'ordre du jour appelle la délibération sur le projet de sénatus-consulte relatif à la constitution des colonies de la Martinique, de la Guadeloupe et de la Réunion.

La discussion générale est ouverte.

La parole est à M. Hubert Delisle.

M. Hubert Delisle. La défense des colonies peut se produire dans les assemblées de la France sans aucune sorte d'hésitation en toute liberté de conscience, car aujourd'hui ces grandes dissemblances qui existaient autrefois entre les possessions tropicales et la métropole, Dieu merci ! ont disparu. De cette détestable institution de l'esclavage, dont l'odieux malheureusement a longtemps reposé sur les colonies, tandis qu'il fallait peut-être, avec plus de justice, le faire porter sur les erreurs du temps et une complicité, je dirais universelle, de cette anomalie, rien ne reste plus. Il y avait encore une autre sorte d'esclavage, c'était l'esclavage agricole, industriel, commercial, — ce qu'on appelait le Pacte colonial. — Longtemps aussi la responsabilité de ces mesures a pesé sur les possessions d'outre-mer. On sait très-bien qu'elles en étaient très-innocentes ; là encore les divergences sont effacées. Les colonies, donc, peuvent se présenter sans qu'on ait de sérieuses critiques à leur adresser quant aux principes moraux et économiques ; aussi ont-elles droit à votre sollicitude, elles y comptent avec toute confiance.

Je doute, Messieurs, qu'il y ait eu une société plus tourmentée, ayant subi plus de tribulations que la société coloniale. Les désastres révolutionnaires ont ruiné la plus belle de toutes ; de longues guerres ont compromis ou emporté ces terres françaises de l'autre hémisphère, et quand la paix survint, et qu'elles crurent trouver le repos et la prospérité, que s'est-il produit ? Une grande industrie métropolitaine est venue se dresser contre l'industrie similaire de nos îles, et la France, qui ne pouvait pas arrêter le mouvement de sa production, a laissé son agriculture insulaire sous le poids de la partie du Pacte la plus dure pour elles.

Si la France n'entravait pas la marche de ses industries, elle n'avait pas non plus la puissance d'arrêter le progrès des idées émancipatrices. Elle a bien fait de marcher dans cette voie ; mais le travail colonial a été profondément atteint, affaibli, et long-temps les colonies ont souffert de cette situation. Enfin, lorsque la République fut proclamée tout à coup, les populations colo-niales furent jetées dans une confusion et un pêle-mêle im-menses.

Voilà la situation faite aux colonies par les événements et les circonstances de toute nature ; il faut vraiment qu'elles aient eu une bien grande vitalité pour avoir pu résister à de si constants assauts. Même aujourd'hui, l'époque des malheurs n'est pas pas-sée pour elles, vous ne le savez que trop. Notre illustre rap-porteur, si consciencieux, en traçant le tableau des possessions tropicales, n'a pas cherché à le flatter ; je l'en remercie. Il y a encore quelques jours à peine, vous le savez, Messieurs les Sé-nateurs, notre gracieuse souveraine secondait la charité d'un honorable évêque et de personnes dévouées qui s'étaient asso-ciées pour secourir une de nos îles réduite aux dernières limites d'une profonde souffrance. Quand on trace en traits rapides les phases de cette situation pénible, n'y a-t-il pas, Messieurs, quelque chose qui ressemble à l'inopportunité à proposer a votre sanction un sénatus-consulte dont le but nettement exprimé est de surcharger les colonies de dépenses nouvelles ? Pourtant, je dois le dire, on ne peut en faire un reproche à M. le ministre. Il a fait probablement tout ce qu'il a pu pour retarder le moment de la production de cette mesure. Mais si les colonies n'ont plus contre elles les inimitiés provenant de l'esclavage ou des diffé-rences économiques, il existe encore des adversaires que j'ap-pellerai financiers. Comme ils s'agitent et parlent, je tiens prin-cipalement à combattre des erreurs pénibles et douloureuses dans ce temps de tribulations coloniales.

N'entendez-vous pas dire constamment que les colonies sont des charges pour la métropole, qu'on devrait bien les aban-donner à elles-mêmes, qu'elles coûtent constamment des som-mes folles ?

Nous sonderons la réalité de ces allégations dans un moment ; en attendant, je prierai bien les personnes si promptes dans leurs critiques de demander à l'Angleterre quelles sont les sommes qu'elle a dépensées pour ce rocher couvert de canons qu'on ap-

pelle Gibraltar, pour cet ensemble de fortifications imposantes
de la plus grande et la plus forte place d'armes de l'Orient,
Aden? Cent millions de livres sterling y ont passé.

Enfin, tous les jours des sommes considérables sont employées
à des travaux improductifs dans cette île sombre, le plus triste
de nos souvenirs, à Sainte-Hélène. Si vous demandiez à l'Angleterre le bénéfice qu'elle retire de ces sacrifices, elle répon-
drait par son immense puissance maritime.

Les pays sur lesquels les métropoles mettent leurs pavillons
constituent, quoi qu'on en dise, une grande force nationale.
Voici ce que disait un ministre de l'Empereur :

« Les colonies sont des postes avancés que la métropole
entretient sur les points du globe les plus éloignés pour servir
d'appui à ses opérations militaires, de débouchés à son commerce et d'auxiliaires à son influence politique. Leur utilité doit
se mesurer à ces divers intérêts, et non à la balance entre ce
qu'elles coûtent et ce qu'elles rapportent au trésor public. »

On ne peut mieux dire et en si peu de mots.

En effet, une colonie est un point de rayonnement, le centre
d'une influence incontestable. Toutes les branches de notre activité commerciale et manufacturière se développent à l'aide de
ces postes avancés ; enfin nos colonies sont des ressources maritimes considérables, et je voudrais entendre la voix d'un homme
plus autorisé que moi, d'un amiral, nous dire quels sont les
avantages, les facilités capitales qui résultent pour notre puissance militaire des îles que nous possédons.

M. le vice-amiral comte Bouët-Willaumez. Je demande la
parole.

M. Hubert Delisle. Mais mettons même de côté, Messieurs,
l'utilité de ces colonies en ce qui concerne la force et l'influence
de la France, ses moyens d'action puissants sur toutes les parties
du globe. Examinons la question triviale, purement matérielle.
Que nous coûtent ces trois colonies qu'on attaque si souvent? Dé-
duction faite des dépenses militaires, elles coûtent 2,800,000 francs
environ. Quant à l'importance commerciale de ces îles, de ces
trois points presque imperceptibles, qu'il faut chercher sur les
cartes à l'aide du microscope, nos états de douane nous révèlent
un mouvement de 106 millions. C'est le chiffre actuel, à l'époque
de pertes, de crises, de douleurs que nos possessions traversent;
mais il était bien plus élevé à d'autres époques.

Quatre mille marins sont employés à la navigation coloniale,
quatre mille marins, non pas de ces hommes qui se contentent

de n'avoir pas le mal de mer, mais des marins solides, habitués à toutes les vicissitudes de la mer, ayant résignation, patience, courage, et passant ainsi sans difficulté du pont des bâtiments de commerce sur le pont de nos vaisseaux.

Le mouvement de transport accuse un tonnage élevé, 157,000 tonnes en 1859, et 279,000 tonnes en 1864, par conséquent avec une augmentation de 120,000 tonnes en cinq années. Voilà ce que sont ces colonies qui coûtent 2,800,000 francs.

En comparant tous les Etats qui font le plus d'affaires avec la France, on trouve que les trois colonies viennent au douzième rang dans le mouvement général du commerce. Mais laissons les grands États de l'Europe de côté, ceux qui ont une immense production, qui jouissent de la proximité, qui possèdent un vaste trafic, un courant de valeurs considérables avec nous ; reportez-vous aux grands continents, à l'Amérique, à l'Asie, à l'Afrique, partout enfin où s'étend notre commerce. Eh bien, il n'y a que trois pays qui fassent plus d'affaires que nos colonies. Les Indes orientales, les États-Unis d'Amérique et le Brésil, où se dirigent de grandes opérations commerciales depuis quelques années, sont les trois seules nations qui entretiennent avec la France un mouvement plus considérable que nos trois îles.

Les colonies font, vous le voyez, plus d'opérations que la plupart des Etats de l'Europe, et plus que tous les grands États de tous les continents, excepté les trois pays que je viens de désigner.

Je ne crains pas de le dire, s'il était possible d'improviser un marché semblable, de l'apporter à notre industrie, à notre agriculture, à notre commerce, à notre navigation, au moyen de 2,800,000 francs, cette somme serait rapidement souscrite par les producteurs nationaux.

Ainsi, laissons de côté, je vous prie, cette pensée que nos colonies sont des fardeaux pour la métropole : ce sont des marchés libres et ne gênant plus aujourd'hui l'action économique de la France, des marchés d'autant plus favorables qu'ils sont permanents. Les colons, en effet, ont les mêmes mœurs, les mêmes habitudes, et leur pays devient un centre de consommation considérable et perpétuel.

J'arrive, Messieurs les Sénateurs, au sénatus-consulte.

Le sénatus-consulte de 1854 formulait son système financier dans les termes que j'aurai l'honneur d'exposer devant vous. Quant à la législation qui nous est soumise, je crois qu'on l'a qualifiée trop modestement en lui donnant le caractère de loi d'attributions. Nous sommes en face d'une loi d'organisation financière, et vous verrez le disparate qui existe entre le système de 1854 et celui proposé aujourd'hui.

Le sénatus-consulte de 1854 établit dans son article 14 la série des dépenses qui sont supportées par la métropole ; je ne veux pas , messieurs , en faire l'énumération , dans la crainte de vous fatiguer.

D'après le même système financier, toutes les recettes de la colonie appartiennent à la colonie, et toutes les dépenses, excepté celles qui sont à la charge de la métropole , sont supportées par les colonies.

Il y a ensuite le contingent qui pouvait être prélevé par la loi de finances , pour permettre ainsi à la métropole de reprendre dans l'excédant des recettes des colonies une partie des dépenses qu'elle avait à supporter.

Mais c'est là une éventualité qui ne s'est jamais réalisée.

Tel est le système établi par le sénatus-consulte de 1854.

Le sénatus-consulte de 1866 change les conditions des colonies d'une manière complète , et , comme c'est en vertu d'une de ses hautes attributions que le Sénat vote aujourd'hui cette législation, qu'elle est d'ailleurs considérable, il faut que le Sénat saisisse bien l'ensemble d'idées qui succède à celui qui va disparaître aujourd'hui.

Le système est que toutes les dépenses des colonies , hormis les dépenses militaires, seront supportées par les budgets coloniaux.

Voilà le principe ; il est écrit très-formellement dans l'exposé des motifs , et il se traduit par des articles très-positifs dans le sénatus-consulte lui-même.

Nous revenons au principe de la Constituante ; seulement je ferai cette légère réflexion : la Constituante de 1790 , lorsqu'elle parlait, se servait des expressions suivantes :

« L'Assemblée constituante de 1790, avec sa merveilleuse aptitude pour les appréciations élevées, posa dès l'abord en principe que les colonies, sous le rapport fiscal, ne pouvaient pas être pour la France une occasion de bénéfice. Elle disait que les contributions perçues dans une colonie ne pouvaient jamais excéder les frais de son gouvernement en temps de paix et ceux des dépenses locales, et pourtant alors nos colonies, vastes et florissantes, offraient à la fiscalité de sérieuses ressources. »

Quand la Constituante, en face de ces colonies vastes, nombreuses et prospères, déclarait que la métropole n'osait pas y puiser des ressources, n'entendait-elle pas que ces ressources leur fussent exclusivement affectées, et se peut-il qu'on soit dans l'esprit de ces déclarations lorsque, s'adressant à des possessions réduites et souffrantes, on proclame qu'en vertu des principes de la Constituante, les colonies doivent payer toutes leurs dépenses, celles militaires exceptées?

Vous comprenez toute la différence, et je n'insiste pas.

Voilà donc les colonies obligées de supporter toutes leurs dépenses. Il y a bien, je le sais, un temps d'arrêt. Actuellement, on commence par mettre sur les colonies toutes les dépenses autres que celles énumérées dans les quatre numéros de l'article 14 du sénatus-consulte de 1854. Pour ce qui concerne la justice et le culte, ces importants articles peuvent être aussi à leur charge, pas immédiatement, mais le principe est posé ; à ce point que si le Corps législatif voulait appliquer rigoureusement le sénatus-consulte, tout le fardeau porterait sur le trésor local. Ne vous illusionnez pas, le Sénat sera dessaisi ; vous votez le sénatus-consulte et vous disparaissez ; ce sera le Corps législatif qui aura à apprécier, à peser, à examiner les ressources des colonies, s'il veut non-seulement faire supporter toutes les dépenses qui sont attribuées par le sénatus-consulte par les paragraphes tirés de son article 14, mais même toutes les dépenses qui sont portées sur le sénatus-consulte actuel et devant être en définitive à la charge de la métropole, c'est-à-dire les dépenses du clergé et celles de la justice. Eh bien, même alors, le Corps législatif peut parfaitement bien imposer aux colonies un contingent en rapport avec les sommes qu'il faut pour acquitter ces deux grands articles de dépense; c'est-à-dire que les colonies supporteraient la totalité des dépenses civiles.

Ainsi donc la situation est parfaitement nette. Aujourd'hui le principe qui va succéder à celui de 1854 établit à la charge des budgets coloniaux toutes les dépenses énumérées au sénatus-consulte et celles pouvant être couvertes par un contingent à demander aux ressources des trois îles.

Croyez-vous, Messieurs, que je sois très-épouvanté de cette sévérité de principe dans la situation actuelle des colonies ? Non; car il est impossible que cela puisse avoir son application. Tout le temps que la sollicitude de l'Empereur veillera sur l'avenir de ces Français d'outre-mer, tout le temps que nous aurons l'honneur de voir M. le ministre de la marine dans ce département, je crois que nous n'aurons rien à redouter. M. le ministre de la marine a fait ses preuves en faveur de nos colonies. Il a commencé par porter la main d'une manière énergique sur ce pacte colonial, et, pénétrant dans les affaires intimes des colonies, il a ouvert la voie au crédit, il a facilité le mouvement des fonds dans ces pays qu'il a aidés et soutenus autant qu'il était en lui, en conjurant la mauvaise situation qui leur était faite par les événements. Je ne suis donc pas épouvanté des applications immédiates, et quand dans l'article 7 il est dit qu'une subvention sera payée aux colonies par la métropole dans l'hypothèse où elles ne pourraient pas suffire à leur charge, vous entrez dans le système des subventions, et vous y serez longtemps, je le crains bien. Peut-il en être autrement ?

Vous savez, Messieurs, quelle est la situation de nos colonies; leurs ressources normales, leurs revenus réels, ce sont les denrées qui s'exportent. Ce n'est sans doute pas la seule source des impôts, mais c'est la principale. Eh bien, je vois que la Martinique a un mouvement de sortie ou d'exportation de 16,875,956 francs; voilà pour ce qui concerne 1864.

Maintenant, quelles sont les recettes coloniales ? 5,000,000 fr. Comme vous voyez, c'est à peu près 33 p. % des sommes réalisées. Vont-elles pouvoir supporter d'autres charges ? Non ; nous pouvons très-bien voter des principes, mais nous ne pouvons pas croire à leur application.

L'île de la Réunion, qui est le pays le plus prospère, bien qu'il ait eu aussi à souffrir des événements, exporte pour 26 millions, et il y a près de 6 millions d'impôts. Est-il possible de mettre sur les colonies un nouvel impôt ?

Il n'est pas possible, messieurs, de le penser. Nous ne pouvons pas croire que nous puissions arriver de sitôt à appliquer le sénatus-consulte. On fait un pas, mais arriver à une application sérieuse, je suis très-loin d'y compter.

Le sénatus-consulte de 1866 contient le système financier que j'ai tâché d'apprécier devant vous très-rapidement ; mais rendons justice à ses autres dispositions ; elles portent avec elles les conditions les meilleures en faveur des colonies. Quand on permet d'appliquer les taxes sur les marchandises étrangères, on fait là une chose convenable et qui peut certainement augmenter les ressources du trésor colonial. En autorisant la fixation définitive et cela sans perte de temps, c'est là un avantage considérable ; en réduisant les dépenses obligatoires, en les énumérant au sénatus-consulte, on rend leur nombre immuable, tout abus est par là évité. La circonstance la plus heureuse est le droit d'établir les dépenses facultatives d'une manière pour ainsi dire irrévocable, en limitant les facultés contenues dans l'article 16 du sénatus-consulte de 1854.

Enfin la correspondance directe du président du conseil général avec le ministre est une bonne innovation, non pas que les présidents veuillent s'en servir toujours; mais ce droit de correspondance produit cette influence préventive excessivement favorable et qui, j'en suis sûr, entretiendra la bonne harmonie entre les présidents, les conseillers généraux et le gouvernement local.

Voilà, Messieurs, le sénatus-consulte. Maintenant j'aborde un point pour lequel je demanderai votre attention et votre bienveillance. Je vais parler d'organisation ; c'est la partie de ma tâche peut-être la plus difficile. Peut-être aussi qu'après m'avoir entendu, vous ne trouverez pas le danger aussi grand et les difficultés aussi redoutables.

Le sénatus-consulte de 1854 a rendu des services dans les colonies. En pouvait-il être autrement ? D'abord c'est une œuvre de sagesse, il faut bien le reconnaître; mais il y a encore autre chose. En 1830, lorsque des manifestations eurent lieu dans les colonies en faveur des idées libérales, la métropole leur donna la constitution la plus large qu'elles eussent possédée jusque-là. C'était la véritable charte coloniale, fondant une autonomie, une législature avec des droits considérables.

Cette organisation de 1833 a été longtemps appliquée, c'était la colonie faisant toutes ses affaires et les faisant avec quelque intelligence. Lorsque la République a été proclamée et qu'on voulut abolir l'esclavage, on a dû commencer par briser tous les pouvoirs coloniaux, qui eussent été autant de centres de résistance. On a fait disparaître la vie coloniale et fait passer tous les pouvoirs entre les mains des commissaires généraux et des conseils privés.

On a vécu depuis 1848 jusqu'en 1855 dans cette situation concentrée. Votre législation est venue redonner aux colonies une certaine instruction de leurs propres affaires. Elles ont de nouveau délibéré, se sont occupées de toutes les questions qui intéressaient la fortune publique ; il y a donc eu des services rendus par cette législation, je suis le premier à le reconnaître ; j'ai eu le bonheur de l'appliquer et de constater qu'elle renfermait d'excellents éléments.

Mais, Messieurs, il y a un côté qui s'est montré quelque peu défectueux, et on n'a pas tardé à voir des réclamations surgir au point de vue des élections, qui ne se faisaient pas d'une manière aussi large que par le passé, et de la composition des conseils appelés à délibérer sur les intérêts communs. Vous avez eu des pétitions dans cette enceinte; M. le ministre en a reçu dans son cabinet. Un mouvement d'esprits s'est produit même en France, dans les journaux, et enfin partout des plaintes se faisaient entendre, de vives aspirations éclataient sans cesse. On répondait à ces demandes par la crainte des dangers publics : ne touchons en rien aux colonies, les passions sont constantes, les sentiments peuvent s'alarmer d'un moment à l'autre, les inimitiés vont renaître. Par conséquent, sous l'empire de ce péril, il faut éviter tout changement dans la constitution qui régit aujourd'hui ces populations. Je vais tâcher de vous montrer, messieurs, pièces en main, que quant à ces dangers, quant à ces périls, on les a au moins beaucoup exagérés.

En effet, que s'est-il passé, et à quels moments pouvait-il y avoir un grand danger pour les colonies ? Ce n'est pas aujourd'hui, Messieurs, c'est à l'instant où l'explosion eut lieu en France, par la révolution de 1830. Et même un homme très-capable, d'une haute intelligence, en voyant le drapeau tricolore flotter sur les bâtiments publics coloniaux, disait : C'est le linceul des colonies; et ce même personnage, quelque temps après, administrant le pays avec sa haute expérience, prouvait que le drapeau tricolore n'avait pas été le linceul des colonies.

Mais il pouvait y avoir un moment pénible à passer, par des circonstances particulières du temps.

Il y avait eu une espèce de subalternité chez les hommes de couleur. Ils ne jouissaient pas dans toute leur étendue des droits de citoyen, ils n'avaient que les droits civils; même certaines humiliations apparaissaient de temps à autre et que je ne veux pas rappeler. Enfin ces circonstances pouvaient animer ces hommes et nourrir dans leurs cœurs quelque ressentiment.

A côté des hommes de couleur et des blancs, il y avait des esclaves. Il ne faut pas croire que ces travailleurs fussent tous au fond des campagnes dans les ateliers retirés.

Non, il y en a beaucoup dans les métiers, dans les villes, dans les maisons des propriétaires qu'ils servent. Ces hommes avaient une teinte de civilisation qui leur venait du contact des hommes qu'ils fréquentaient; et là se produisaient des aspirations vers la liberté.

Des émissaires visitaient ces familles ; elles savaient très-bien les noms de tous ceux qui s'occupaient de l'esclavage en France : M. Isambert, M. Passy, M. de Broglie, M. Schœlcher, etc., enfin tous ceux qui s'étaient donné la mission de pousser à l'abolition de l'esclavage. Il y avait donc une classe d'hommes de couleur laborieux, mais impressionnables. D'un autre côté, des esclaves qui voulaient arriver à la possession de la liberté, ce grand, cet immense bien ! C'est au milieu de ces émotions si excitées que se produisaient les opérations électorales avec leur escorte obligée de démarches, d'agitations, d'intrigues, de sollicitations les plus actives enfin, et cette animation retentissait dans l'assemblée locale, qui tenait ses portes ouvertes, et d'où sortaient des paroles la plupart du temps fort peu ménagées.

Eh bien, ces scènes tumultueuses, ces mouvements effervescents n'ont conduit à aucun trouble, à aucun désordre , et les occasions n'y prêtaient-elles pas? Plus tard, quand l'esclavage a été aboli, que s'est-il produit ? Le lendemain vous avez vu la population parcourir les grandes routes, palpant en quelque sorte cette conquête de la liberté qu'elle sentait pour la première fois. Pas un seul fait regrettable, pas une vengeance ! Il faut rendre justice à qui de droit, cela est dû en grande partie à l'action du clergé ; car il y a une différence considérable entre l'émancipation telle qu'elle a eu lieu dans les pays anglais, où les choses ne se sont pas passées dans les mêmes conditions. Les sectes anglaises dévouées à l'œuvre de l'émancipation échauffaient les esprits des esclaves en leur faisant comprendre leurs droits à la liberté. Le clergé français prêchait le calme, l'affection pour les maîtres, la patience du Christ, et quand l'émancipation est venue, toute cette population s'est rangée d'une manière vraiment extraordinaire sous les idées de morale qu'on lui avait prêchées.

Voilà, Messieurs, ce qui s'est passé. Vous avez eu des élections relativement tranquilles, et on a mis un bulletin entre les mains de ces esclaves de la veille, de ces affranchis, qui pouvaient encore être tourmentés par le cauchemar de ce commandeur qui avait le fouet à la main pour les faire travailler. Aux Antilles ils ont voté pour des hommes qui avaient agi pour leur affranchissement, et ils ont fini par voter pour un homme considérable, un colon, qui avait été le défenseur le plus énergique de tous les intérêts des anciens maîtres, et avec lui un homme dont les opinions étaient d'une grande modération, M. Bisset.

Dans la colonie de la Réunion, voici le sentiment qui animait ces populations. On a été prendre qui, pour envoyer comme député ? un de nos honorables collègues, M. Barbaroux, un nom cher au pays : il avait rendu de grands services comme intermédiaire entre le pouvoir et la colonie; un homme d'un vrai talent,

mais enfin il avait été procureur général, à la tête de l'administration de la justice.

C'est lui qu'on a envoyé représentant du peuple, et à côté de
lui un créole parfaitement modéré à tous les points de vue.
Enfin, en 1852, au moment où le gouvernement changeait en
France, la colonie un peu attardée faisait les élections, et on a
envoyé par le suffrage universel un habitant digne d'occuper
une place dans toutes nos assemblées par sa vaste intelligence,
un très-grand propriétaire, et, par une des plus singulières
choses, la même personne qui avait été choisie par le suffrage
universel a été plus tard prise par ce conseil général, à suffrage
excessivement restreint, pour représenter les intérêts coloniaux
auprès du ministre de la marine.

Franchement, je me demande s'il y a de la réalité dans les
dangers qu'on signale constamment lorsqu'il s'agit d'organisation
coloniale : différence de couleur, excitations excessives, aspirations à la liberté, et avec cela des élections disputées sous le
suffrage restreint; plus tard le suffrage universel, au lendemain
de l'abolition. Je me demande si toutes ces circonstances s'accu-
mulant dans ces pays ne les ont pas enflammés, s'il n'y a pas
là les conditions d'une grande stabilité, conditions capables dès
lors de supporter des institutions quelque peu libres ? Je ne
puis m'empêcher de désirer qu'on prenne très-sérieusement
cette question, qu'on la mette bien à l'examen à tous les points
de vue et qu'on la résolve favorablement. Ce sera même augmenter les chances d'une bonne application du sénatus-consulte
que vous avez à voter aujourd'hui.

Messieurs, il y a un raisonnement qu'on se fait, et je voudrais
bien savoir si nous devons nous y arrêter longtemps. On a dit :
Il ne faut pas une organisation autre que celle de la métropole,
autre que le droit commun de la France, c'est-à-dire le suffrage
universel. Permettez ; je croyais qu'il y avait une chose acquise;
que les grands penseurs, les publicistes les plus illustres, qui
ont traité les questions de constitution des peuples, le règlement
des destinées des nations, étaient parfaitement d'accord sur
une chose : c'est que les pays ne pouvaient avoir d'autres institutions que celles conformes à leur civilisation et à toutes les
traditions qu'ils portent avec eux. En France, je le comprends
très-bien, on a vu depuis des siècles le servage disparaître; les
groupes répandus sur toutes les parties de notre vaste territoire
se sont mêlés dans mille événements, et ont fini par se fondre
en un peuple passionné pour l'égalité, et agissant sous l'impul-

sion des sentiments qui constituent notre force et notre civilisation.

Le grand niveau de la révolution de 1789 a passé sur notre société, qui a été depuis ce temps précipitée dans toutes sortes d'élections, soit dans les temps d'agitation, soit à des époques pacifiques, pendant trente années de paix surtout ; bien qu'avec le suffrage restreint, il se produisait en France une effervescence extraordinaire dans la vie publique, et toute la population se ressentait de l'animation qui remuait la masse électorale. Tout le monde donc participait à cette immense expansion ; aussi, quand le suffrage universel est arrivé, il a pour ainsi dire suivi les errements du passé en marchant dans les pratiques qui s'étaient produites, quoique sur une échelle moins vaste.

Ce système peut-il s'appliquer actuellement dans les colonies? Je ne le pense pas. Pour moi, ce n'est pas la question des dangers qui m'empêcherait de demander le suffrage universel pour les colonies. Je ne le voudrais pas, mais par d'autres raisons : c'est parce que toutes les fois qu'on se réunit autour d'une urne pour nommer les hommes qui doivent trancher les questions sociales, il faut au moins que les électeurs aient un fonds de mœurs et de sentiments communs ; c'est ce qui n'existe pas aujourd'hui dans les colonies. Leur état actuel, c'est la situation que la France avait à l'époque du suffrage restreint.

En Angleterre, ce pays qui a 27 millions d'âmes, c'est le suffrage restreint qui existe. En Italie, où il y a 22 millions d'âmes, il n'y a que 700,000 électeurs. En Angleterre vous voyez le combat qui se livre pour avoir 400,000 électeurs de plus, et encore ce n'est pas pour tout le Royaume-Uni, c'est seulement pour la vieille Angleterre ; l'Ecosse et l'Irlande ne sont pas comprises dans la réforme. Cependant l'Angleterre et l'Italie sont des pays qui passent pour être parfaitement libres.

Si vous appliquiez aux tropiques ce système, je crois qu'il n'y a pas à rougir de la comparaison ; mais on dit que : Nous ne devons pas appliquer dans les possessions de la France un système électoral autre que celui de la métropole.

Est-ce que les colonies n'ont pas toujours été dans l'exceptionnalité ? Est-ce qu'on peut leur appliquer cette assimilation ? Est-ce qu'elles n'ont pas toujours eu des règles particulières ? Si vous ne voulez pas leur appliquer un système pareil à celui de la métropole, effacez le sénatus-consulte de 1854. On dira que cela va émouvoir les populations, si ailleurs on applique un autre système.

J'ai plus de confiance dans l'esprit de la population française:
jamais on ne pourra lui persuader que la France sera annexée
à ses colonies pour le système électoral. (On rit.) La législation
de 1854, votre sénatus-consulte est en plein disparate avec
votre droit commun. En effet, vous faites nommer les conseils
municipaux par les gouverneurs, et les conseils municipaux et
les gouverneurs nomment les conseils généraux. Eh bien,
Messieurs, est-ce qu'il y a quelque chose de plus contraire au
système de la métropole ?

Il y a mieux, M. le ministre de la marine a cherché une organisation, et, — c'est une justice que je m'empresse de lui
rendre, — vainement son esprit s'est épuisé à trouver un bon
système. Il a lutté contre des difficultés, mais enfin ses efforts
ont été sincères.

Je sais que plusieurs projets ont été présentés, mais il y en
a un, — que je n'ai certes pas inventé, — qui est de former
une liste de notables pour les colonies. Si l'on tient à présenter
un système identique au système français, je demanderai si
quelque chose y serait plus opposé que la combinaison de notables? Et cependant, ce projet aurait pu se formuler en un
sénatus-consulte. Mais il y a plus encore, M. le ministre, par sa
dépêche libérale du 16 juin 1854, a demandé consciencieuse-
ment aux conseils généraux quel est le système qu'il pourrait
présenter ; il a demandé si le cens pouvait être appliqué, ou si
le système qui règne aujourd'hui en Algérie conviendrait
mieux.

Ces questions ont reçu leurs réponses dans des délibérations
détaillées; on s'est livré avec patience et intelligence à toutes
les investigations concernant les systèmes divers ; ces projets se
sont donc formulés. En sollicitant les avis des conseils généraux, M. le ministre ne reconnaissait-il pas implicitement que
l'institution actuelle avait quelque peu perdu sa force et ne
jouit pas alors de toute sa vitalité? Comment remplacer cette
institution si les populations coloniales ne possèdent pas ce
fonds commun d'idées qui peut donner une base à peu près
sûre à des élections, bien qu'il y ait d'ailleurs certaines divergences d'opinion? On doit chercher dans un système plus
rationnel les conditions les plus appropriées à la société locale ;
ces conditions se trouvent chez ceux qui ont profité de nos lois,
qui en ont apprécié les bienfaits, ont réalisé des ressources par
l'ordre, le travail, la patience ; ces conditions se trouvent, enfin,
dans toutes les branches de l'activité industrielle, agricole,

commerciale, sous forme de patente, de possession mobilière ou immobilière et d'instruction.

Vous pouvez voir là une excellente base pour vos élections, et vous n'aurez pas à redouter que l'on croie à des catégories privilégiées, quand, par la combinaison de ces listes, les électeurs de toutes les catégories de la société créole seront représentés dans un système normalement constitué. On pourrait donc ainsi et successivement, par la douceur des mœurs, par la bienveillance de l'administration attentive, par un progrès constant, élargir le cercle électoral.

Mais ce que je tiens à constater, c'est qu'il n'y a pas à redouter le danger qu'on oppose toujours à tout projet d'organisation. Quant aux difficultés, il y en aura sans doute, mais on arrivera à les vaincre.

Quand M. le ministre s'est adressé aux conseils généraux, ils auraient pu répondre par le *statu quo*, car d'habitude, quand on est en possession d'avantages personnels, on désire les conserver. Mais non, les conseils généraux, sous la pression de l'opinion publique, ont répondu par des systèmes différents sans doute, mais témoignant d'un désir bien légitime de jouir d'une représentation plus réelle que celle en vigueur.

Quand le gouvernement songe à mettre des charges plus lourdes sur les contribuables coloniaux, n'est-il pas de droit ancien, incontestable que ces impôts soient consentis librement par les populations appelées à les payer? En prenant en sérieuse considération les éléments de sécurité que j'ai eu l'honneur d'indiquer, on arrivera à constituer une représentation qui exercera une favorable influence sur les colonies.

Il ne faut pas s'illusionner, Messieurs, il n'y a pas un progrès qui s'accomplisse en France qui ne retentisse dans ces possessions lointaines; il n'y a pas un mouvement d'opinion qui ne s'y propage immédiatement, par la force de la vapeur ou de l'électricité. C'est un même cœur qui bat, croyez-le bien, dans le lointain, par les mêmes émotions que vous, et c'est une intelligence qui s'émeut des mêmes grandes aspirations que les vôtres.

On vient dire : Mais voyez les colonies anglaises. Certaines sont très-restreintes dans leurs choix. Notre honorable rapporteur a cité l'île Maurice avec son conseil législatif réduit. Pourquoi cette étroite limite? C'est qu'on craignait le débordement des sentiments français. J'en appelle à tous les amiraux qui ont fréquenté ces colonies; on sait combien les souvenirs de la

France sont encore vivants dans les cœurs de ces colons. Si l'on restreint leurs élections, si l'on y met beaucoup d'Anglais , c'est justement parce qu'on craint la manifestation de ce sentiment.

La partie pénible pour nos colons , c'est de voir qu'il y a de grands pays, le cap de Bonne-Espérance, l'Australie, par exemple, et ce dernier surtout, où les populations se sont portées en masse , provenant de tous les pays , de toutes les nationalités , enfin d'agglomérations sans beaucoup de cohésion. Pourtant ces pays jouissent des avantages constitutionnels. Ils ont une chambre des lords, des élections, une chambre des députés.

Nos colons, qui , eux, sont avec nous de sentiment , de cœur, de civilisation , se voient privés des mêmes bienfaits. Messieurs, c'est ce contraste que je vous prie de méditer, et c'est par cette considération que j'ai l'honneur de terminer ce long discours , que vous avez bien voulu écouter avec une si grande bienveillance. (Très-bien !)

M. le Président. La parole est à M. le baron Dupin.

M. le baron Dupin. Messieurs les Sénateurs, je commencerai par rendre à M. le rapporteur de la commission , j'ose dire au nom du Sénat tout entier, l'hommage que mérite la science profonde dans l'étude des lois, telle qu'on pouvait l'attendre du procureur général de la première cour de l'empire. Maintenant je dois dire pour quelle raison je prends la parole en cette circonstance.

J'ai fait partie , pendant un demi-siècle , du département de la marine et des colonies. On vous a parlé tout à l'heure du premier projet de la loi de 1833 , loi votée d'abord dans la Chambre des députés ; et , dans la commission de ce projet , se trouvait M. le général Lafayette. On vous a dit que cette loi organique était très-libérale ; le fait est vrai : j'ai eu l'honneur d'en être le rapporteur. Ensuite, j'ai rempli, pendant quinze années, les fonctions de représentant pour une de ces colonies, et j'ai été pendant une grande partie de ce temps le président du conseil des délégués. Ce long espace de temps s'est écoulé dans une continuité de relations, je dirai presque autant amicales qu'officielles, entre nous, les colonies d'un côté, et le ministère de l'autre.

Nous avons sans cesse cherché à marcher d'accord ; nous sentions profondément que les colonies étant très-faibles par elles-mêmes , si tous ceux qui les défendaient à des titres divers ne commençaient pas par se mettre dans un complet accord pour les défendre , elles étaient perdues sans ressource.

Eh bien , aujourd'hui que je suis étranger aux colonies , mon cœur a conservé les mêmes sentiments pour elles. Le moment est venu de leur rendre peut-être quelques services. Voilà le sentiment qui m'appelle à la tribune.

Je commencerai par dire que je suis favorable au projet du sénatus-consulte. Qu'il reçoive quelques améliorations, en très-petit nombre, et très-faciles, ou qu'il n'en reçoive point, je n'ai pas un sentiment de personnalité assez exclusif pour le rejeter, par cela seul ; je le voterai dans tous les cas.

L'honorable préopinant a trouvé que l'organisation mise en vigueur par le sénatus-consulte de 1854 n'avait établi qu'une organisation fort imparfaite ; il en a présenté une critique très-vive.

Je commencerai d'abord par expliquer ces divergences à l'avantage de notre honorable collègue. Il a gouverné la colonie de la Réunion avec tout ce qu'il y a d'éclairé, de sympathique et de conciliant dans son caractère ; il a été favorablement accueilli par les diverses classes de la population. Peut-être par là s'est-il produit dans son imagination une espèce de mirage qui lui a fait croire que toutes les classes étaient unies entre elles comme elles le sont dans son cœur. (Sourires d'approbation.)

Il n'y a rien là que de fort honorable, mais il nous sera permis plus tard de regarder quelle est la nature des choses et de ne pas nous laisser entraîner par une illusion, je le répète, tout à l'honneur de notre digne collègue. (Nouvelle approbation.) Il a critiqué très-fortement la manière dont les conseils municipaux et les conseils généraux sont nommés.

Messieurs les sénateurs, au-dessus de toutes les théories, il y a quelque chose que je préfère infiniment : c'est la pratique, c'est la leçon de l'expérience. Or, les trois colonies, objet du sénatus-consulte, ont reçu l'organisation la plus prudente, au moment où l'on était encore bien près des renversements de 1848, de cet effrayant 1848, qu'on nous a présenté bien plutôt sous couleur de rose que sous couleur de pourpre, et qui s'est signalé par tant de sang versé dans la capitale. Il ne faudrait pas oublier de pareils souvenirs.

On avait certes, en 1854, de hautes raisons de prudence. Examinons si l'on a bien fait de les prendre pour conseillères. Notre éminent rapporteur vous a dit, et je suis charmé de pouvoir vous citer un des passages les plus remarquables de son travail, passage qui, certainement, frappera bien plus vos esprits, étant détaché de la sorte, que perdu dans les quarante pages qui composent son œuvre très-étendue

Messieurs les Sénateurs, par l'acte solennel et nouveau, on ne créait pas des conseils législatifs dans les colonies ; on les constituait en véritables conseils généraux, et c'était une œuvre considérable. Tous les hommes d'État qui connaissent les conseils généraux de la métropole, ceux qui, pour présidents, comptent des hommes éminents tels que notre illustre président et comme notre honorable rapporteur ; ceux-là, je le répète, croient avec raison que les conseils généraux ne sont pas de peu d'importance pour la mère patrie ; ils savent combien leur part est considérable dans la prospérité continue de la France depuis 1815 jusqu'à 1866. Personne ne me contredira sur un tel point.

Par conséquent, ces conseils généraux, même aux colonies, peuvent encore jouer un grand rôle; ils ont un rôle très-important pour la prospérité de ces colonies.

Voici le passage annoncé :

« Les conseils généraux, en s'engageant dans la voie modeste qui leur était ouverte, ont apporté, dans l'exercice de leur mandat, tant d'aptitude et de dévouement, un sentiment si éclairé et si juste des intérêts de l'État et de ceux de la colonie, que le Gouvernement, après quelques années d'expérience, a été conduit à rechercher si la part qui leur avait été faite dans les affaires du pays était en rapport avec l'habileté dont ils avaient donné la preuve, et s'il n'était pas opportun de leur demander des services plus marqués. »

Quand les conseils généraux rendent des services pareils à ceux-là, est-il possible, est-il permis qu'on vienne nous dire: Ils sont vicieux par cela seul que leurs membres ne sont pas élus suivant un mode agréable, et qu'ils ne sont pas bien élus! Pas bien élus ! et l'on nous atteste qu'ils ont tous de l'aptitude et de l'expérience et qu'ils produisent des résultats excellents ! Aimeriez-vous beaucoup mieux des conseils qui fonctionneraient beaucoup plus mal et qui seraient mieux élus? Mais qu'a donc dit le Gouvernement au sujet des conseils généraux de la France, quand il est venu demander pour eux au Corps législatif des attributions plus considérables et jugées d'une grande utilité? Il a dit en moins de mots, peut-être pas aussi bien que notre honorable rapporteur, exactement la même chose ; il a fait l'éloge des conseils généraux de la France ; il a témoigné sincèrement qu'ils étaient animés d'un excellent esprit, que les membres avaient de l'aptitude, qu'ils étaient remarquables par leur capacité, et qu'ils remplissaient si bien depuis cinquante ans leurs devoirs trop circonscrits, qu'il fallait agrandir le cercle de leurs attributions.

Eh bien, ce que le Gouvernement a fait pour les conseils généraux de l'empire, dans la même année, le nouveau sénatus-consulte va le faire pour les conseils généraux des colonies ; des deux côtés la justification est la même. Maintenant faisons un pas de plus. En agrandissant les attributions des conseils généraux de la métropole, est-ce qu'on a demandé qu'on changeât le mode d'élection des membres, des présidents, des vice-présidents et des secrétaires ? Le Corps législatif n'a pas exigé qu'on innovât la moindre chose à cet égard, et la très-grande majorité a voté comme un progrès cette importance nouvelle donnée aux conseils généraux tels qu'ils sont aujourd'hui constitués.

Je me suis occupé des conseils généraux ; je m'occuperai maintenant des populations.

Dans le nouveau sénatus-consulte, on n'a porté qu'une seule atteinte remarquable à l'organisation de 1854. Cette atteinte est relative *aux tarifs des douanes coloniales*. Mais ici, je prie mon honorable collègue, qui prend sa plume avec empressement, de faire bien attention à ce que je vais lui dire : c'est que l'innovation projetée n'a nullement pour objet de supprimer des impôts de douanes ; elle n'a nullement pour dessein de les réduire et de les diminuer ; elle n'a pas du tout pour but d'arriver à ce beau idéal du commerce libre, c'est-à-dire d'un commerce affranchi de tous droits de douanes, affranchissement qui constitue la puritaine et parfaite beauté du libre échange.

Non, le nouveau sénatus-consulte donne aux conseils généraux, *horresco referens !* le droit d'imposer *tout ce qu'ils voudront* sur les produits de la colonie, les produits de l'étranger, en respectant seulement les produits français venus de France. Concevez-vous, Messieurs les Sénateurs, cette énormité économique, d'épargner les produits de la mère patrie, pour peser sur les produits sacro-saints de l'étranger ?

Et, à ce sujet, je dirai qu'on peut donner à des colonies le droit de voter tout ce qu'elles voudront sur les droits d'importation.

Ce n'est nullement une raison pour croire que leur avidité fiscale ne trouvera pas de limites ; il en existe toujours une, et cette limite est imposée par un grand tyran que j'appellerai la nature des choses. MM. les colons se plaignaient amèrement ; pareils aux métropolitains, ils se plaignent toujours. Ils disaient donc qu'ils manquaient de beaucoup de choses à bon marché ; il nous faudrait tels produits de tels pays qui les donne presque pour rien, etc., etc.

Le Gouvernement disait de son côté : Au lieu de vous répondre, je m'en vais tout à l'heure chercher certaines querelles à vos revenus que je ne veux plus secourir, et vous serez bien obligés de taxer ces produits étrangers que vous appelez par tant de vœux. Mais si je suis obligé de les trop taxer, le résultat d'une taxe trop élevée sera de diminuer le commerce; c'est une vérité que personne ici ne pourrait contester. Par conséquent vous donnez aux colonies *le droit de diminuer leur commerce* quand vous dites que leur détresse est fondée sur ce que leur commerce est trop petit, et que pour l'augmenter vous leur laissez la faculté de le taxer.

Maintenant, signalons une autre légère différence. D'après le sénatus-consulte de 1854, ces modifications de tarifs devaient être votées par une loi. Le sénatus-consulte organique, dans un esprit de haute sagesse et d'impartialité, avait fait la séparation des pouvoirs en trois parties ; une première était conservée comme une attribution nécessaire du Sénat : toutes les lois qui concernent les personnes, le droit de vie et de mort, les rapports civils entre les personnes, la qualité des crimes et des délits, le droit de propriété, d'héritage, en un mot, tout ce qui comprend la réglementation générale et supérieure de la société, pour ce grand centre d'intérêts du premier ordre, le Sénat, sous aucun prétexte, ne pouvait s'en dessaisir. Il y a plus : on lui avait proposé de s'en dessaisir, il s'y est noblement et solennellement refusé.

Une seconde partie devait appartenir au Corps législatif : c'était la partie des finances ; le Corps législatif est essentiellement le dispensateur suprême des impôts. La perfection d'un gouvernement représentatif, parlementaire ou non, c'est qu'il y existe une Chambre nommée par les citoyens qui conserve intact le vote suprême de l'impôt. Cette attribution ne comprend pas seulement la métropole; ainsi le budget de l'Algérie, qui n'a guère de sénatus-consulte organique, est apporté chaque année au Corps législatif, et le Corps législatif le vote en même temps que le budget du ministère de la guerre. Cela devait être. Il en est de même pour le budget de la Guyane, de Pondichéry, de la Nouvelle-Calédonie, des colonies de l'Inde, etc. Telle est par conséquent la généralité du principe. M. le ministre de la marine a vu là des inconvénients : les députés sont si difficultueux ! Il sera bien plus commode et beaucoup plus praticable de conférer cette partie du pouvoir législatif au conseil d'État.

Messieurs les Sénateurs, j'ai beaucoup d'estime, d'attachement et je dirai même de reconnaissance pour le conseil d'État, car j'ai eu pendant quinze années l'insigne honneur d'en être membre comme conseiller en service extraordinaire ; je sais quel excellent esprit il apporte dans l'examen de toutes choses, pourvu qu'il ne soit pas trop violenté. Je crois cependant qu'il y a dans cet éminent conseil un certain nombre de membres qui n'ont pas une tendresse extraordinaire pour les droits de douane de quelque nature qu'ils soient ; par conséquent ils pourront serrer de très-près les colonies assez audacieuses pour imposer des produits étrangers ! Néanmoins, passons sur cette grave objection.

Voici, Messieurs les Sénateurs, ce qui me touche dans l'intérêt du Sénat. Il sera certainement grave qu'après avoir déclaré solennellement que le vote d'une partie financière appartient essentiellement au Corps législatif, au bout de douze ans, vous ôtiez à ce grand pouvoir de l'État une attribution qui lui appartient légitimement, qui est dans sa nature essentielle, et que vous la transfériez au conseil d'État, qui jamais ne vote d'impôts.

Voilà mon objection. Je vous la présente telle qu'elle s'offre à mon esprit, sans l'affaiblir et sans l'exagérer ; je l'abandonne à vos consciences. Il est un autre point traité d'une manière remarquable par M. le rapporteur : ce point se rapporte aux barrières progressivement abaissées et qui concernent la liberté commerciale. Tout le monde connaît ces choses-là ; mais permettez-moi de reproduire cette partie du rappport, partie extrêmement remarquable et parfaitement exposée :

« Dans le cours de 1861, une loi fut proposée, ayant pour but, tout en conservant au commerce maritime la protection dont il avait encore besoin, d'affranchir les intérêts coloniaux des entraves dont ils se plaignaient. La nature du remède était indiquée par la nature du mal. Le mal procédait de trois causes :

« L'obligation imposée aux colonies d'exporter tous leurs produits en France, où la concurrence en abaissait la valeur vénale ;

« L'obligation de tirer tous les objets de consommation de la France, où l'absence de toute concurrence en élevait le prix ;

« L'obligation d'employer soit pour l'importation, soit pour l'exportation, le pavillon français, ce qui rendait le fret sur le marché des colonies irrégulier et cher.

« Ne semblait-il pas que le remède approprié, le remède le plus sûr, consistait dans la permission d'exporter les produits coloniaux en tous pays ;

« De recevoir de toute provenance les objets de consommation ;

« De recourir à tout pavillon, soit pour le commerce de vente, soit pour le commerce d'achat ?

« Ainsi pensa le Gouvernement ; ainsi de son côté pensa le
Corps législatif en votant à l'unanimité la réforme qui lui était
proposée. Tout le monde espérait que, sous les auspices de la
liberté, la fortune coloniale refleurirait. Tout le monde s'est
trompé. Le marché de la métropole est resté à peu près le seul
marché des colonies, avec un privilége amoindri, et les revenus,
loin d'augmenter, ont subi de la diminution. »

Je ferai maintenant une simple remarque : Quand on dit en général que tout le monde s'est trompé, j'ajouterai pour correctif :
Tout le monde, excepté les sénateurs. Quand on vous apporte un
projet de loi sur la marine, est-ce que vous croyez que MM. les
amiraux ont le droit de vous en dire un mot, un seul mot? Est-ce
que vous croyez que mon honorable ami, M. Dariste, président du conseil des délégués des colonies, quand on présente
une loi sur les colonies, a le droit de faire une seule observation
sur l'intérêt qu'il représente, pas plus que les généraux sur la
guerre, les magistrats sur les lois judiciaires et les anciens pré-
fets sur les lois d'administration? Sur tout cela, pas de droits
pour personne. Si ces sénateurs, pleins d'autorité, soulevaient
la moindre question, M. le président, dont l'esprit est d'ailleurs
si bienveillant, leur dirait à l'instant de sa voix la plus austère :
Je ne puis pas vous permettre une question, un mot; le règlement l'interdit; or, mon premier devoir est de faire exécuter le
règlement, et le règlement proscrit toute espèce de discussion.
Vous le voyez, nous voilà bien innocents de toutes les lois où
tout le monde a pu s'être trompé. J'ajouterai seulement : Soyez
bien convaincus que si vous n'aviez pas eu le fléau de cet article
du règlement, et M. l'amiral Rigault de Genouilly, et M. l'amiral
Romain-Desfossé, et M. l'amiral Charner, les vice-amiraux Gri-
velle, Cecille, Trehouart, n'auraient pas manqué de dire, au
sujet de certaines mesures qui concernent les matelots et la navigation : Nous n'entendons pas les choses ainsi, nous vous le
déclarons, vous allez produire un dommage, et la marine en
masse repousse de telles innovations. Si je ne dis pas la vérité
qu'ils me contredisent. (Signes d'assentiment sur quelques bancs.)
Voilà ce qu'ils auraient déclaré. Certes, alors on n'aurait pas pu
dire : Tout le monde s'est trompé. L'imperfection que je signale
est une des graves imperfections du régime de l'empire. Sa
Majesté, avec la supériorité d'esprit qui lui appartient, s'est em-
pressée le premier de nous déclarer que ce qui caractérise la
Constitution de l'empire, et la rend supérieure à beaucoup d'autres, c'est que cette Constitution est susceptible de se perfec-

tionner par elle-même. Sous les anciens régimes, quand la Charte était violée, il fallait renverser un trône pour pouvoir y changer un article; et c'était payer trop cher avec un pareil renversement.

Je vous dirai tout à l'heure un mot au sujet de pareils renversements que personne d'important ne prévoyait. (Sourires.) Quoi qu'il en soit, ici nous possédons une ressource meilleure! Ce n'est pas de renverser l'Empire, c'est d'améliorer la Constitution. Je n'ai jamais laissé passer une occasion de faire cette réclamation, et vous conviendrez que lorsqu'on nous dit qu'en suivant une marche différente et qu'en votant des lois de premier ordre, *tout le monde s'est trompé*, certes, l'occasion n'est pas malheureuse pour vous dire : Améliorez donc votre Constitution, afin qu'à l'avenir nous n'ayons pas d'aussi douloureuses surprises.

Voilà toute mon observation sur ce point capital. (Mouvements divers.)

Je reviens au célèbre aveu : *tout le monde s'est trompé*, même en mettant de côté les sénateurs ; ce sont pourtant des hommes considérables, des hommes d'un très-grand mérite, qui, sur un point capital, se sont égarés. Comment et pourquoi? Je me suis demandé cela. Hélas! c'était sous l'illusion de leur propre succès, d'un très-grand succès. Ils l'avaient obtenu pour une première entreprise, le traité de commerce avec l'Angleterre. A peine ce traité signé, ils s'étaient vus poursuivis comme nous l'avons été pour ajouter ou retrancher des conséquences imprévues à la Charte, dont je vais vous parler en toute sincérité.

Messieurs les Sénateurs, dans les trois journées de juillet 1830, on s'est battu aux cris exaltés de *Vive la Charte!* Le lendemain matin, je me rendais à l'Institut tout naturellement. (Hilarité.) Je regarde l'inscription du palais du côté du pont des Arts ; savez-vous ce que j'y vois? *Institut*, une tache noire, *de France*. Oh! oh! dis-je, qui a donc rayé le mot *royal?* Je fais quelques pas de plus pour aller vers le Pont-Neuf, je vois : Débit... de tabac, et *royal* effacé.

Ah! cette fois, je conçois!... (Nouvelle hilarité.) Alors je compris qu'il y avait parmi les combattants de 1830 un certain nombre, un grand nombre d'amis sincères de la Constitution, de la Charte, de la royauté, mais qu'il y avait des frères et amis (Sourires) qui se posaient de dix-huit ans en avance sur 1848 : c'étaient eux dont le zèle anticipé commençait par effacer le mot *royal.*

M. le général comte de Flahaut. Ils se sont trompés aussi.

M. le baron Dupin. Eh bien, nous avons dit, nous, comme nous dirions maintenant : N'effacez pas le mot *royal*, n'effacez pas le mot *impérial*. A cette époque, avec un certain nombre d'hommes dont je m'honore d'avoir été l'ami politique, nous nous sommes écriés : Nous ne voulons pas que les journées de Juillet n'aient été qu'un 10 *août*, qui précède de six semaines l'inauguration d'une république de septembre et d'un régicide de janvier. A l'instant même, la Chambre des députés, d'*urgence* et sans désemparer, a repris la Charte, qu'elle a modifiée, je ne dirai pas bien ou mal, on peut discuter non sur le fond, mais sur un ou deux articles. (Hilarité.) Service immense! elle a voté la Charte avec de légères modifications ; l'émeute a par cela même été déjouée et comprimée, et la monarchie est restée debout pour dix-huit ans de plus en France. Or, la monarchie, sachons-le bien, qu'elle s'appelle royauté, empire, la monarchie, c'est le système qui convient à la France depuis les premiers Mérovingiens jusqu'à la quatrième dynastie. (Approbation.)

Voilà le service que nous avons rendu ; mais un grand nombre de gens ont dit : Que parlez-vous de loi suprême, etc., point d'arrêt contre l'anarchie? Nous vous demandons les conséquences du combat, les conséquences de Juillet. Alors vous avez vu, toutes les six semaines ou tous les deux mois au plus, une émeute nouvelle essayée pour obtenir une anarchie qui aurait rendu le gouvernement de Juillet parfaitement impossible.

Il a fallu résister, résister par la force, par les lois, dans les Chambres et sur la voie publique, afin d'empêcher ceux qui demandaient impérieusement les conséquences de Juillet : ce fut la gloire immortelle de Casimir Périer, et la France en est restée à jamais reconnaissante.

On nous demandait, par exemple, un commandant général à vie, disposant en maître de 1,500,000 gardes nationaux (Bruit) ; tandis que le ministre de l'intérieur, le ministre responsable était amovible. (Nouveau bruit.)

C'est votre très-humble serviteur qui, en sa qualité de rapporteur de la loi de la garde nationale, a soutenu seul contre les ministres mêmes que cette prérogative révolutionnaire ne pouvait pas exister. J'avoue que je regarde ce succès comme une des choses qui sont l'honneur de ma carrière.

Maintenant, Messieurs les Sénateurs, nous avons demandé les conséquences d'une illustre victoire, celle du traité de commerce. Messieurs, dans une séance récente, j'ai rendu le plus complet hommage avec une pleine sincérité à cet acte considérable ; j'ai été le premier à signaler les succès qu'il avait emportés, mais il y a loin de cet aveu sincère et sans passion aux conséquences sans bornes qu'on a demandées, non pas dans la rue, mais peut-être dans l'intimité des cabinets.

Il nous faut les conséquences du traité à tout prix, les conséquences ou la mort. Restons toujours sans passion ; quelques-unes de ces conséquences sont excellentes, nous ne les sollicitons pas ; cependant, qu'on nous les présente, nous les voterons ; mais quelques autres n'étaient pas favorables à la France, mais quelques autres étaient excessives. Ainsi la destruction de la navigation marchande, quand on admet les tiers pavillons venus des pays étrangers qui n'ont pas de marine, sans compensation pour la France. Aucun marin, je l'affirme, ne trouvera que cette conséquence de *Juillet* ait été favorable aux vrais intérêts de notre navigation.

Entendons-nous bien à ce sujet. Les gouvernements ont nécessairement pour leurs amis des condescendances naturelles ; ils se laissent entraîner agréablement sur la pente de leur gloire ; ils proposent quelquefois des mesures extrêmes, qu'avec une réflexion plus profonde ils n'auraient jamais présentées, en s'exposant sans y songer à ce qu'on puisse dire ensuite : *Tout le monde s'est trompé.*

Les illusions de cette nature, je vais vous dire à quoi elles tiennent. Chacun, dans ses rêves chéris, s'est proposé quelque résultat impossible, chacun désirant obtenir une concession qui fût absolument sans compensation. Ainsi les chambres de commerce demandèrent un commerce de plus en plus libre dans les colonies, mais à condition de ne rien perdre du côté de la navigation ; et, d'un autre côté, d'autres désiraient certains avantages contradictoires impossibles à concilier, comme M. le rapporteur l'a parfaitement expliqué.

Messieurs, permettez-moi de vous présenter l'exemple familier d'une chose qui frappe vos yeux chaque jour. Elle est plus facile à concevoir que des questions abstraites de tiers pavillon, d'inscription maritime et de commerce.

Examinons les entreprises hasardées de certains marchands de nouveautés dans la capitale. Il y a des marchands de nouveautés qui désirent pousser jusqu'à l'extrême les conséquences du système commercial qui réunit à la fois le gros et le détail. Alors vous savez ce qu'ils ont imaginé. Ils ont eu l'idée de faire des programmes monstres, de les imprimer à grands frais dans tous les journaux colosses, en indiquant, pour chaque espèce de produit, des prix incroyablement au-dessous du prix de revient. Ils se disent : Je sais bien que je perds, mais je vendrai tant qu'à la fin je finirai par gagner. D'un autre côté, les dames les plus élégantes, et en même temps les amies les plus apparentes de l'économie domestique, sont venues dire à leurs maris: Mais, mon excellent ami, regarde donc ! voilà des marchandises excellentes qu'on donne à 50 pour cent de rabais; nous ne pourrions jamais trop en acheter.

Alors le mari, qui n'est pas toujours satisfait des économies trop faibles de madame, exclame aussitôt : O miracle ! ma femme s'améliore énormément, elle est devenue calculatrice, elle est économe, elle va me faire faire des affaires admirables, et alors il répond à sa glorieuse moitié : Puisque tu calcules si bien, fais la dépense que tu voudras ; je t'ouvre ma caisse, viens y puiser. Cependant, au bout de l'année, il se trouve qu'un certain nombre de pièces de soieries n'étaient pas ce qu'on appelle d'un bon teint et qu'elles ont passé soudain ; un certain nombre de calicots, surtout anglais, étaient rendus brillants avec une telle quantité d'amidon pour leur donner l'apprêt et l'éclat, qu'il ne semblait plus nécessaire d'avoir employé du coton. Mais quand on voulait les laver, hélas ! le tissu ne valait plus rien.

Alors la femme s'est fait ce pénible aveu : Je m'étais trompée. Quand elle est allée trouver son mari, l'époux a réparti : Comment ! c'était pour tous ces rebuts que vous m'avez fait une dépense que vous n'auriez jamais dû faire ; par conséquent, en vous croyant calculatrice, moi aussi je me suis trompé.

Voilà comment le marchand de nouveautés, les belles dames, ses clientes, à quelque monde qu'elles appartiennent, et les maris, à quelque monde aussi qu'ils appartiennent, tout le monde s'est trompé ; mais pourquoi ? C'est que tous s'étaient livrés à des illusions irréfléchies. (Mouvement.)

Messieurs les Sénateurs, lorqu'on fait des lois, ce n'est pas avec des illusions et des probabilités, c'est avec sang-froid et la plume à la main, avec calcul, avec sévérité, et surtout en essayant de se défendre contre ces choses si charmantes et si plausibles, contre ces avantages généreux qu'on vous présente avec un art séducteur.

Messieurs les Sénateurs, il ne faut pas croire que la France est la seule nation qui se soit trompée par l'illusion de ses hommes d'Etat éminents. Il est un homme dont l'Europe entière ne prononce le nom qu'avec respect, c'est sir Robert Peel. Il est l'auteur, pour les céréales, d'une législation qui, à certains égards, était commandée dans son pays par la force des choses ; mais cette grande innovation, il la voulait avec une certaine mesure et de graves précautions. Il faisait cette déclaration, en pleine Chambre des Communes : Si l'on devait subir habituellement plus de 10 ou 12 millions d'hectolitres de céréales importés en Angleterre par l'effet de la loi, il la regarderait comme désastreuse.

Vous pouvez le voir dans la discussion de la Chambre des Communes. Sir Robert Peel est mort six ans après le vote de sa loi. Avant qu'il eût fermé les yeux, c'était déjà plus de 15, puis c'était 20, puis 25, puis 30, 40 millions ; et, dans l'année 1862, l'importation s'est élevée à près de 45 millions d'hectolitres.

Vous voyez que sir Robert Peel s'était trompé dans ses prévisions. Vous trouverez à cela des explications parfaites : on vous dira que son erreur fut un bien ; je veux dire que ce qu'il avait prévu ne s'est pas réalisé comme il l'avait prévu.

Mais il s'est produit une autre conséquence infiniment plus importante. Tout le monde s'est réuni pour faire l'éloge des lois commerciales de l'Angleterre ; elles sont parfaitement appropriées à sa puissante industrie, elles lui conviennent admirablement, et ses succès ont été magnifiques. Je crois que personne ne pourrait en faire un plus complet éloge ; et, si l'on pouvait trouver quelque approbation plus élogieuse, je l'accepterais sur-le-champ.

Mais savez-vous quelle a été la conséquence finale de ce progrès rapide, prodigieux, infini, dans les développements de sa navigation, de son commerce d'importation et d'exportation ? C'est que l'Angleterre est devenue, pour ainsi dire, le pays personnifié de l'or, le pays du veau d'or !

Cette grande, cette illustre nation, qui s'était placée au premier rang en Europe, et qui, toutes les fois que l'indépendance et la liberté des nations ou la sauvegarde des couronnes se trouvaient en jeu, n'attendait pas que d'autres États du premier ordre prissent la conduite du monde, mais se plaçait au premier rang ; cette nation vous a dit tout simplement, il y a peu d'années : Que voulez-vous que je fasse au sujet de ces douleurs du continent? J'ai trop d'or, trop de prospérité ; j'en ai tant que je n'ai pas un shelling, pas un homme à donner pour réparer en Europe aucun tort, quel qu'il soit. Voilà l'état d'égoïsme et d'abdication d'un grand empire.

Est-ce que vous croyez que sir Robert Peel, cet homme qui portait si haut l'honneur de son pays, s'il avait prévu, j'ai regret

à lâcher le mot, mais je le dirai, cette descente, ou, pour parler
avec plus d'urbanité, cette diminution de grandeur de son pays,
il n'aurait pas reculé devant une pareille conséquence ? Eh bien,
il ne l'avait pas prévue. S'il l'avait prévue, je ne dis pas qu'il aurait refusé de proposer sa loi, mais qu'il y aurait mis de certains
correctifs, de certains moyens d'empêcher le débordement trop
rapide des richesses et des prospérités enivrantes du Royaume-
Uni.

Messieurs les Sénateurs, les nations sont comme les individus :
malheur à celles qui marchent trop vite vers le progrès matériel !
j'en appellerai à notre honorable collègue, M. le préfet de la
Seine ; — on n'a qu'à regarder dans toutes les rues qu'il rend si
belles, on les trouvera habitées par une foule d'individus enri-
chis, de gens qui n'avaient pas 100 francs en 1848, et qui sont
millionnaires en 1866. Que parlé-je d'un chiffre déjà devenu si
mesquin ? Comment ! comment ! vous n'êtes qu'une fois million-
naire et vous n'avez qu'un loyer de 5 à 6,000 francs? Mais les
moindres gens un peu cossus, comme l'on disait rue Saint-
Denis, ont des loyers de 8,000, de 10,000 ou de 20,000 francs!
De ces gens-là, en connaissez-vous beaucoup qui, grandissant,
disons mieux, grossissant si vite, aient conservé l'intégrité de
leurs mœurs et l'élévation du caractère? Non. Eh bien, si
j'avais à juger entre deux Paris, entre deux capitales, entre
celle qui mettrait cinquante ans à faire sa fortune, et celle qui
n'en mettrait que dix ou quinze, j'aimerais mieux qu'il nous
fallût cinquante ans de prospérité, si ces cinquante ans étaient
nécessaires pour que mes concitoyens ne perdissent pas cet
esprit chevaleresque, si français, si noble, et ne descendissent
pas de plus en plus, et que nous n'arrivassions pas un jour à
dire : L'Europe s'arrangera comme elle voudra, cela m'est égal ;
nous n'avons pas un centime et pas un soldat à présent pour
le salut et l'établissement du droit de l'Europe, que le bienfait soit
ou non véritablement avantageux pour l'humanité. (Très-bien !
très-bien !)

Vous comprenez, l'explication que j'ai voulu vous présenter
est parfaitement d'accord avec ce qu'a dit notre habile rapporteur. Seulement, de mon côté, en homme qui a réfléchi plus
particulièrement à ce qui se passe dans les colonies et dans la
métropole, dans nos ateliers et dans nos ports, je vous ai dit ce
que j'ai vu dans ma longue et laborieuse carrière. Mais je compte
assez sur le bon sens supérieur du Sénat, sur son amour de la
vertu, sur la grandeur du nom français, pour vous affirmer que

les paroles que j'ai fait entendre valent mieux que le culte du
veau d'or, — britannique ou non. (Très-bien ! très-bien !)

Maintenant, abordons un autre question. On a fait un grand et
juste éloge de la liberté des noirs. C'est le langage de l'humanité.
Seulement j'aurais voulu qu'on acceptât un léger correctif. Messieurs les Sénateurs, lorsque je représentais les colonies, dans le
fond de ma conscience, je représentais aussi bien les noirs que
les mulâtres et les blancs. Je désirais aussi que les noirs fussent
libres, mais qu'ils le fussent comme il faut l'être, pour que le
peuple se perpétue et qu'il prospère.

Rappelons-nous d'abord la grande œuvre du christianisme,
qui a donné la liberté à des millions et à des millions d'esclaves :
le christianisme a pris pour lui le secours sacré du temps et de
la patience. Il lui a fallu un certain nombre de générations, et
c'est pour cela que le monde ancien s'est transformé d'une manière utile à l'humanité, les esclaves passant par des degrés in-
sensibles sans devenir le fléau et la terreur de leurs maîtres.

Ces idées-là prédominaient il y a vingt-cinq à trente ans. Une
personne illustre, et dont le nom ne sera pas suspect, M. le duc de
Broglie, un des esprits les plus avancés de cette époque, parmi les
avancés avec mesure, parce qu'il écoutait avec une conscience
admirable les représentations qui lui étaient faites au nom de la
prudence, avait fait son plan d'émancipation ; il ne l'avait pas
fait tout seul, il avait appelé à son secours l'aide du temps ; il
avait pour principal collaborateur Rossi, celui qui devint l'intré-
pide et grand ministre de Pie IX, assassiné à la porte d'un de
ces pouvoirs législatifs qui aujourd'hui s'affirment en disant :
Nous ne voulons plus de catholicisme en Italie. Voilà ce qu'auront à apprécier 200 millions de catholiques, quand la Providence
voudra régler ses derniers comptes.

Mais cette émancipation méditée par un duc de Broglie et par
un Rossi, elle n'est pas restée une idée vague et sans application.
Un projet de loi a été présenté ; il a été voté par la Chambre des
pairs et la Chambre des députés. Un regrettable ami, M. le baron
de Mackau, était alors ministre de la marine : il a franchement
adopté cette émancipation progressiste et calculée. Comme il
était très-honnête, une fois cette loi proclamée, il a voulu qu'on
y restât fidèle sans essayer d'aller plus vite. Mais alors les em-
pressés se sont élevés contre lui, en s'écriant : Nous voulons la
conséquence de votre loi, et la conséquence, c'est l'émancipation,
non pas à long terme, mais à court terme. On l'a attaqué de telle
manière que, trois ans après, il n'était plus ministre mais, deux

ans plus tard, il n'y avait plus de Gouvernement de Juillet, et la République se chargeait de faire en une minute ce qu'un gouvernement moins révolutionnaire ne voulait faire que par degrés incessants, mais calculés.

Voilà, messieurs, l'histoire du passé.

Actuellement je dirai quelque chose en faveur des habitants de nos colonies.

Je n'accorde pas que leur situation, qui, sans doute, n'est pas la grande opulence, soit aussi désespérée qu'on le suppose, et, comme je n'ai jamais d'autre intérêt que celui de la vérité, je vais dire par quelles phases ont passé nos établissements d'outre-mer. J'ai pris pour termes de comparaison trois époques remarquables, 1823, 1843, 1863, séparées par intervalles de vingt ans. Si j'ai pris 1863 pour la dernière, c'est parce que le dernier compte rendu de l'Angleterre est de 1863, et que je voulais comparer l'Angleterre avec la France. En 1823, le sucre de betterave n'élevait pas une tête aussi fière qu'aujourd'hui ; néanmoins les colonies françaises ne produisaient et n'apportaient en France que 38 millions de kilogrammes de sucre. Cela tenait seulement à ce que le peuple français mangeait beaucoup moins de sucre ; il était un peu moins sensuel, un peu moins tombé dans cette avalanche de jouissances et de sensualités dont je vous parlais tout à l'heure.

Le sucre de la métropole, favorisé par le génie des sciences physiques et chimiques, faisait sans cesse des progrès ; à chaque instant une découverte, un progrès voyaient le jour et menaçaient l'existence du sucre colonial.

Mais il ne faut pas croire que les colons s'endormissent sur de tels dangers ; ils venaient en France demander à l'illustre Gay-Lussac des conseils, à Derosne et Cail des appareils pour fabriquer le sucre, avec l'aide du vide et de la vapeur. Alors, soit que ce fût de la mélasse fournie par la betterave ou par la canne à sucre, du moment qu'on employait les mêmes appareils, on pouvait les faire servir aux mêmes transformations. Par ce moyen la lutte pouvait se soutenir. Voyez comment les colonies ont en effet soutenu cette lutte. En 1823, elles produisaient, je l'ai dit, 38 millions de kilogr. ; en 1843, elles en produisaient 81 millions.

Maintenant, le sucre de betterave prospérait aussi, la consommation française augmentait, et tout le monde pouvait vivre, quoique cette concurrence sans merci qui fait que chacun s'efforce de ruiner son rival produisît ce résultat que de chaque côté les bénéfices diminuaient de plus en plus.

C'est pourquoi produire le sucre de betterave n'était plus dans ces dernières années une entreprise aussi lucrative que dans les premiers temps de la Restauration.

Vous avez connu le très-habile Crespel-Delisle, à qui nous avons donné la médaille d'or pour la perfection admirable qu'il avait apportée dans la fabrication du sucre de betterave. Il avait fait une magnifique et légitime fortune.

Eh bien, messieurs, au milieu de cette effroyable concurrence, qu'on vous représente comme le beau idéal de toute industrie, ce même homme a fini par perdre sa fortune sans qu'on pût en accuser l'abaissement de son intelligence. Eh bien, ce que les fabricants de sucre de betterave souffraient en France, nos colons le souffraient à la Martinique, à la Guadeloupe et à la Réunion.

En 1863, la production augmentait toujours ; ce n'était plus, comme en 1843, 81 millions, c'était 118 millions de kilogrammes que les colonies produisaient.

Messieurs, il ne faut pas regarder comme des stationnaires, comme des gens de peu de valeur, ces colons qui, séparés de la métropole par deux mille et trois mille lieues, arrivent en quarante ans à élever leur production sucrière de 38 à 118 millions de kilogrammes. Cela leur fait un grand honneur, et l'admiration redouble quand on réfléchit à l'infériorité du travail imparfait, négligent, inattentif, fait par les noirs émancipés et payés de plus en plus cher.

Chose incroyable, à titre de progrès, on a dit : Mais si l'on éprouve des embarras, c'est que les produits étrangers n'arrivent pas en assez grand nombre ; il faut les appeler dans les colonies ; ces produits seront à meilleur marché ; nos colons alors s'habilleront à moins de frais ; ce qu'ils produisaient à perte, ils le produiraient avec bénéfice. C'est un avantage parfait. En même temps on a prétendu que le commerce allait augmenter beaucoup. Or, s'il augmente, vous aurez plus de marins, c'est vrai, vous aurez en grand nombre des marins étrangers ; mais comme il y aura beaucoup plus de navigation totale, en définitive, la navigation française n'y perdra rien.

Rien de cela n'était exact.

En 1860, c'est-à-dire un an avant la loi de 1861, si je ne me trompe, le produit du sucre dans les colonies s'élève à 117,652,185 kilogrammes, et, en 1863, il est de 118,878,000 kilogrammes.

Que ce soit 118 ou 117, évidemment cela ne veut pas dire

que la production ait considérablement augmenté ou diminué.
Voilà pour ce côté de la question.

Maintenant, je veux répandre une plus grande lumière sur cet important sujet; je veux comparer les colonies françaises aux colonies de l'Angleterre, qu'on nous présente toujours comme des modèles, surtout en matière commerciale. On nous répète sans cesse : Voilà le peuple qui sait commercer et faire les lois commerciales; nous sommes en arrière, hâtons-nous de l'imiter. Soit; voyons, je ne demande pas mieux : il y a sur les bords de l'océan Atlantique une grande colonie célèbre dans l'histoire du commerce; c'est la Jamaïque. La Jamaïque est une admirable possession; elle a pour étendue 1,657,600 hectares; c'est un quart de plus que le département du Nord. Cette colonie est peuplée seulement par 441,000 habitants, noirs, blancs et mulâtres. J'ai comparé cette île avec les trois colonies françaises, objet des sénatus-consultes. Réunies, elles présentent une population de 471,000 âmes. Vous voyez qu'il n'y a pas une très-grande différence entre le chiffre de 441,000 et celui de 471,000; c'est 30,000 seulement en plus du côté de la France. Mais nous n'avons pas le même avantage territorial; en effet, notre superficie est quatre fois moins étendue que celle de la Jamaïque.

Tel est de ce côté notre désavantage. Néanmoins je vais vous citer des choses qui peut-être vous surprendront. La Jamaïque, ce pays jouissant de tous les avantages que le génie commercial de la Grande-Bretagne peut procurer, se trouve entre le continent du Mexique méridional, Cuba et Saint-Domingue; il est à l'entrée de trois passes admirables : la première qui conduit droit à l'embouchure du Mississipi et sur la droite à la Vera-Cruz; la seconde, entre Cuba et Saint-Domingue, mène aux États-Unis atlantiques; et la troisième en occident d'Europe ou d'Afrique.

Aucune de nos colonies n'est à beaucoup près si bien placée.

Voyons à présent quel est le commerce le plus récent de la Jamaïque.

Voici dans les comptes officiels de 1863 ce que j'ai trouvé d'extraordinaire. Les 441,000 habitants de la Jamaïque avaient en 1863, pour importation totale, une valeur de 27 millions de francs, produits anglais et produits étrangers, beaucoup de produits étrangers. Savez-vous maintenant ce que les 471,000 habitants de nos trois colonies, noirs, mulâtres, ou blancs, produisaient? Ce n'était pas seulement 27 millions, mais 124 millions d'importations. Permettez-moi de vous le dire, quoique les 124 millions soient en partie français, j'ai le malheur de les préférer à

27 millions de produits en partie anglais. Si vous ne partagez pas mon opinion, je n'ai rien à dire, mais la voilà.

Passons aux exportations. Pour les exportations, l'inégalité n'est peut-être pas aussi grande. La Jamaïque exportait pour 25 millions de francs, et les colonies françaises, remarquez bien, qui n'avaient que 30,000 âmes de plus, exportaient pour 85 millions.

Si vous voulez vous rendre la chose plus claire, si vous voulez savoir combien par tête était le commerce, le voici en peu de mots. Chaque année un habitant de la Jamaïque reçoit en importations pour 61 fr. 60 c. de produits extérieurs, et l'habitant des trois îles françaises reçoit pour 225 fr. 09 c. de produits extérieurs par tête. Quant aux exportations, l'habitant de la Jamaïque reçoit 54 fr. 55 c., et le Français 181 fr. 52 c. Eh bien, certes, Messieurs les Sénateurs, j'ai le droit d'affirmer que les Français ne sont pas inférieurs aux Anglais quand ils obtiennent des résultats aussi supérieurs.

Cependant il faut être équitable. Il y a une chose qu'il est juste de faire remarquer : c'est que la Jamaïque faisait, toute proportion gardée, un plus grand commerce avec l'étranger. Mais la Jamaïque arrivait seulement à ce résultat, d'acheter dans un an pour 20 fr. 93 c. par tête chez l'étranger, quand elle n'achetait de l'Angleterre que pour 40 francs. Dans les colonies françaises, les colons français n'achètent de l'étranger que pour 18 francs ; mais ils achètent de la France pour 207 francs de produits nationaux.

Eh bien, quelle que soit ma passion pour l'étranger, j'aime encore mieux que les Français achètent pour 22 francs de moins en produits des diverses nations et pour 200 francs de plus de produits français. Je suis de mon pays à ce point-là et je crois qu'on l'est aussi dans le Sénat. (Approbation.)

Voilà les faits; s'ils étaient contestés, je produirais les volumes officiels qui les constatent, je ne travaille jamais autrement. J'ai fait ma comparaison avec beaucoup de soin, j'ai tout calculé, même les centimes. Un centime par an, ce n'est pas beaucoup, c'est la 365ᵉ partie d'un centime par jour. Vous pourriez différer de plusieurs unités de cet ordre-là par jour, sans qu'aucun colon s'en aperçût.

Mais j'ai d'autres conséquences à tirer, et sur ces conséquences, Messieurs les Sénateurs, j'ose appeler toute votre attention. Savez-vous bien quel triste résultat a produit cette infériorité de la Jamaïque ? Tandis que dans le colonies françaises on jouit

d'une simple médiocrité, d'une existence modeste, à la Jamaïque,
on est tombé, le peuple du moins, dans la misère, dans la misère
profonde, dans la misère qui conduit au désespoir, à la fureur.

Je remercie notre honorable collègue M. Hubert Delisle de
vous avoir dit un mot sur les causes morales qui avaient produit
les meilleurs résultats de l'affranchissement dans les colonies
françaises comparativement avec l'affranchissement dans la colonie de la Jamaïque ; il l'a justement attribué à l'action bienfai-
sante du clergé catholique.

Il a parfaitement raison de s'opposer au triste appui des pié-
tistes. Mais enfin qu'en est il résulté ? L'année dernière, c'est-à-
dire en 1865, trente-deux ans après l'émancipation britannique
de 1833, les noirs se sont coalisés avec les mulâtres et même
avec quelques blancs, peut-être avec quelques-uns de ces dissi-
dents dont parlait notre honorable collègue. Ils ont rêvé le massacre de la population blanche, et leur projet n'est pas resté à
l'état de rêve idéal ; et bientôt l'attaque a commencé. Loin de
moi de faire l'éloge d'aucune cruauté ! Je ne veux pas justifier ce
qui s'est trouvé de terrible dans la répression. Cependant je sais
que le gouverneur de la Jamaïque, un homme plein d'honneur,
était un homme ami de l'humanité.

M. le général comte de Flahaut. C'est très-vrai !

M. le baron Dupin. Je remercie notre honorable collègue
M. le comte de Flahaut, qui connaît si bien les grandes familles
d'Angleterre, de rendre justice à cet homme ; s'il s'est conduit
de la sorte, ou plutôt si ses inférieurs ont été sans merci, c'est
qu'ils se sont crus sous le coup d'une nécessité terrible, c'est qu'ils
n'ont pas voulu que les blancs fussent immolés sans défense.
Qu'on ne vienne donc pas nous dire : Il y a douze ans que chez
nous l'émancipation marche avec une tranquillité parfaite ; dor-
mons sur les deux oreilles, n'ayons aucune espèce de sollicitude,
lorsqu'après trente-trois ans d'émancipation britannique, nous
voyons des révoltes et des malheurs de cette nature. Voilà, Messieurs les Sénateurs, ce qui me rend très-circonspect, ce qui fait
que j'invoque avant tout le bénéfice du temps.

Ici je suis charmé d'être d'accord avec le projet de la commission, car je crois que je rends bien compte ici des sentiments de
prudence qui l'animent lorsqu'elle dit : Nous ne voulons pas
faire des changements qui pourraient compromettre la tranquillité
des colonies.

Je veux encore aller plus loin : il ne faut pas vous figurer,
quelle que soit la prospérité de certaines îles, quelle que soit

l'humanité, la grâce de certains gouverneurs, qu'au bout d'un certain nombre d'années, cette aversion des races les unes contre les autres et la soif de vengeance pouvaient être étouffées. Laissez-moi vous présenter un nouvel exemple presque né d'hier et qui dure encore.

· A l'époque où bientôt allait briller le règne de Louis XIV, une dynastie tartare illustre, je commence par le dire, se rend maîtresse de la Chine. Elle improvisa un gouvernement, le plus parfait que la patrie de Confucius ait vu depuis trois mille ans. Elle réussit tellement dans ses projets de conciliation qu'elle prit cette grande mesure :

Il n'y aura plus dans l'empire de la Chine aucun grand gouvernement, aucun ministère, aucun tribunal, où, à côté de chaque place occupée par un Tartare, il n'y ait une place égale occupée par un Chinois. Cela doublera les dépenses, puisqu'on aura deux présidents pour les tribunaux, deux gouverneurs par gouvernement de 40 millions d'hommes. Mais on a conquis ce résultat admirable en Orient, la stabilité du gouvernement. Car il ne faut pas croire que la France et l'Italie surtout soient les seuls pays où des sociétés secrètes conspirent à chaque instant, même contre la vie des souverains, même contre la vie des empereurs, à commencer par Orsini.

Il y avait aussi des sociétés secrètes en Chine et des conspirateurs de tous les degrés. Mais comme il y avait deux personnes pour chaque place, si le Chinois avait voulu trahir, le Tartare, qui siége à côté de lui s'en serait aperçu et lui aurait immédiatement coupé la tête. C'est un spécifique violent, mais qui, dans ce pays, prévient les trahisons et les révolutions. (On rit.)

Messieurs les Sénateurs, ce gouvernement aux rudes précautions dure déjà depuis plus de deux cents ans. Savez-vous avec quel succès ? Lorsque cette illustre dynastie est entrée en Chine, elle n'y a trouvé que 58 millions d'habitants, et dès 1812, par un recensement officiel, comme les Chinois savent les faire, comme la République de 1792 avait voulu les faire, où on met à la porte de chaque maison le nom et l'âge des hommes, des femmes et des enfants qui l'habitent ; il y a quelque reproche à faire, sur l'âge des femmes, par exemple : c'est quand on approche d'un zéro, 20, 30 ou 40, que les dames chinoises répugnent à paraître dépasser, mais cela ne change rien aux nombres totaux. Or, ce peuple si bien dénombré, qui ne comptait que 58 millions d'habitants en 1656, il en comptait 412 millions peu d'années après 1800. Immense accroissement produit par deux siècles de paix et de prospérité.

La présente dynastie a produit des œuvres admirables de science et de littérature ; elle a publié des œuvres immenses, des codes magnifiques, des encyclopédies dont chacune paraît être une bibliothèque, encyclopédies qui n'étaient pas faites · pour renverser les gouvernements, mais pour éclairer les peuples. Ils ont produit un de ces siècles qui ne sont pas indignes de figurer à côté de ceux de Périclès et d'Auguste, des Médicis et de leur contemporain Louis XIV. Voyez maintenant le triste attentat qui s'est accompli de nos jours. Il y avait dans la province de Canton un maître d'école, ce n'est pas seulement en France où les maîtres d'école sont appelés par les révolutions à jouer un grand rôle, comme en 1848, où l'on disait : Comment ! vous manquez de représentants éclairés, capables ? Vous ne savez pas qui choisir ? prenez donc les maîtres d'école : vous en avez quinze ou vingt par canton, et dans le nombre il n'en est pas un qui ne puisse admirablement représenter le peuple français !

Les Chinois sont allés plus loin ; il y avait, je le répète, un maître d'école extraordinaire, dans la province de Canton ; il était ambitieux, il voulait absolument devenir un mandarin de la dernière classe. Pour cela il fallait être bachelier, puis licencié, mais l'infortuné candidat échouait toujours au dernier examen ; il passait par l'état ingrat que MM. les élèves de l'École polytechnique sont convenus d'appeler *fruits secs* (Hilarité). Que fit-il ? Il devint petit commis dans une maison de commerce de Canton ; là les Anglais lui firent présent d'un petit livre biblique : vous savez qu'ils en donnent plusieurs millions par an, dans l'Orient et partout ailleurs. Alors il se mit à méditer son petit livre. Quand il voulut encore subir un dernier et malheureux examen, la fièvre chaude le prit ; dans tous ses rêves, que voyait-il ? Il voyait le Père éternel qui lui disait (Bruit)... — mais ce que je vous dis, c'est de l'histoire la plus sérieuse, — il voyait un Père éternel vraiment Chinois qui lui disait : Je t'ai choisi pour exterminer les Tartares et les Chinois ; je veux que tu sois aussi mon fils ; j'aurai deux fils, l'un sera Notre-Seigneur Jésus-Christ, et toi tu seras le second ! Le maître d'école accepta dans son rêve ; il se réveilla, la fièvre chaude se passa, mais chez lui l'idée ambitieuse resta : seulement il imagina de prendre pour lui le soin des âmes d'ici-bas en laissant au Dieu des chrétiens le soin des âmes d'en haut. Le projet conçu, comment passer à l'exécution ?

Il convoque tous les maîtres d'école de son voisinage et leur dit : Un de vos pareils devient dieu, et c'est moi. Tous les maîtres d'école se convertirent à l'instant, tant ils se sentirent flattés d'avoir pour dieu d'ici-bas un instituteur comme eux. La secte prospérait à petit bruit; mais un jour ils imaginèrent d'effacer dans les classes ces belles et grandes sentences de Confucius dont les murailles étaient couvertes. Quand les parents chinois virent cela, ils retirèrent leurs enfants à tous les maîtres d'école, qui furent obligés d'émigrer et qui s'enfuirent éperdus dans les montagnes.

A ce moment même, les pirates infestaient les côtes de la Chine ; les Anglais leur donnèrent une chasse comme ils savent en donner ; ils les firent échouer sur la côte, et tous les pirates se sauvèrent dans les montagnes où déjà se trouvaient les maîtres d'école. Voilà l'armée constituée à côté de la tribu de Lévi. Alors ils sont partis de ces montagnes, ils sont allés de proche en proche et pour exécuter ce mot terrible que le maître d'école avait entendu dans ses songes, où le Père éternel lui disait toujours : Extermine, extermine...

Savez-vous le mot d'ordre qu'il a donné à toute son armée ? Il a prescrit à ses soldats que, dans chaque ville où l'on entrerait, on couperait sans rémission la tête à tous les mandarins chinois, à tous les Tartares. C'est un moyen comme un autre de changer un gouvernement.

Quant au reste de la population, on leur disait : Voulez-vous devenir taïpings? — Mais non, nous croyons à Confucius, à Bouddha. — Il ne s'agit pas de cela, vous allez avoir le cou coupé si vous ne vous convertissez pas, et sur-le-champ. Alors ils se faisaient taïpings, et tous devenaient des soldats rebelles. De proche en proche, en très-peu de temps, ils sont arrivés sur les bords d'un fleuve immense, le grand fleuve Yang-tse-Kiang. Aussitôt que les pirates ont aperçu le fleuve et vu des bateaux, ils ont pris tous les bateaux, ils se sont embarqués avec toute l'armée pour descendre en vainqueurs le fleuve et sont arrivés jusqu'à Nankin, ville de trois millions d'âmes; ils l'ont prise et dévastée en y faisant forces victimes.

Eh bien, messieurs, — cela a l'air d'une plaisanterie, — ce maître d'école s'est trouvé le souverain absolu de l'énorme population condensée dans un espace de cent lieues de long sur cent lieues de large. Le rebelle a fait trembler l'empereur de la Chine pendant plusieurs années ; et si les Européens n'étaient pas venus au secours, il renversait l'empire de la Chine.

Voilà ce que l'animadversion des Chinois contre les Tartares a produit. Cependant les Tartares sont des peaux blanches comme les Chinois. Si les Tartares avaient été des nègres, le massacre eût été bien autre chose même après deux cent vingt ans d'assimilation et de bienfaits. Qu'on ne vienne pas nous dire : Il y a eu douze années d'expérience, c'est un temps énorme, n'ayez aucune inquiétude, élargissez vos institutions, et confondez tout : blancs, mulâtres et noirs.

Quand je parle ainsi, croyez-le bien, je ne suis pas un ennemi des libertés coloniales. Je commence par aimer les libertés françaises, celles du Sénat, que je défends de temps à autre. Mais je les défends dans les bornes de la modération, comme un homme qui veut triompher par la raison, et non pas en soulevant les passions. Voilà, Messieurs les Sénateurs, ce qui me détermine à conserver l'organisation votée en 1854 et respectée en 1866.

Maintenant il reste une chose, et c'est la seule pour laquelle je diffère avec la commission, d'accord avec notre honorable collègue M. Hubert Delisle.

Les colonies souffrent, elles sont mal à leur aise. Mais il est un bon moyen de venir à leur secours : ce moyen, quel est-il ? On croit rêver : c'est de supprimer leur subvention, c'est de leur ôter l'argent avec lequel elles font leurs travaux publics. Comment ! Elles ont bien de la peine à suffire à leurs besoins, et vous croyez que vous les aidez en leur retirant des secours indispensables ? Est-ce que vous croyez que dès à présent le Gouvernement paye la totalité des travaux ? Je vais vous citer un fait.

Dans les colonies, les ports de mer ne sont pas d'un intérêt local ; ils ne sont pas comme le port Saint-Nicolas ou le port de Bercy, quoiqu'il arrive au premier quelquefois un bateau venant de Londres, mais en réalité les ports de la Martinique, de la Guadeloupe et de la Réunion, ce sont des ports ouverts à toutes les escadres de la France, où le commerce entier de la France et des autres nations peut aborder et mouiller.

Savez-vous ce que le Gouvernement fait pour l'année 1867, dans le budget qui est présenté maintenant au Corps législatif ? Les dépenses consacrées aux ports de la Martinique figurent pour 29,000 francs, et il faudra que les colons de cette île tirent 2 millions de leur petit trésor local pour compléter l'allocation. On appelle cela une subvention complète ; c'est une manière étonnante de parler. Pour la Guadeloupe, l'Etat accorde 25,000 francs ; or, cette colonie est obligée de dépenser 200,000 francs qui s'ajoutent aux 25. De la Guadeloupe et de ses malheurs, nous parlerons tout à l'heure. Cette colonie devrait recevoir la totalité de ses subventions, lorsqu'elle a été dévastée tour à tour par des tremblements de terre et des incendies. — Je le répète, au milieu de son infortune, elle aura 25,000 francs, tandis qu'elle déboursera 200,000 francs de son budget.

Pour la Réunion, comme elle est plus riche, on lui donnera seulement 10 mille francs de principal, tandis qu'elle payera 200 mille francs comme accessoire.

Ici, Messieurs les Sénateurs, j'invoque le droit commun de l'empire français; permettez-moi de vous le dire, afin qu'il reste aussi le droit commun des colonies françaises. D'après ce droit, c'est l'État qui paye les dépenses de l'ordre public, civil, religieux et militaire.

C'est l'Etat qui paye de telles dépenses pour la Guyane, la Nouvelle-Calédonie, la Cochinchine, et dans tous ces établissements je vous défierais de procéder autrement.

En France, on opère suivant le même principe : il est un département qui doit vous être cher entre tous, c'est le département de la Corse, au milieu duquel est née la plus puissante famille de l'Europe, le plus grand homme de guerre de tous les temps, et aujourd'hui le souverain dont le rôle atteint une splendeur que vous connaissez.

Voyez comment l'État opère avec la Corse. Savez-vous ce qu'on demande à ce département pour l'impôt foncier? On lui demande par hectare 20 centimes 8/10 quand la France paye 3 francs. Ne croyez pas que je réclame afin qu'on renverse la répartition et qu'on fasse payer 3 francs à la Corse. Non, je ne demande pas cela ; mais, considérez bien une chose, c'est que, dans un pays où la population est peu considérable, dans la Corse, il n'y a même pas un habitant pour 3 hectares : les distances sont énormes, les constructions sont dispendieuses. Il est juste que l'État vienne au secours du pays. Je trouve très-bien que l'État paye les travaux de ce département; mais si la mesure est juste et bonne pour la Corse, elle ne peut être mauvaise ni injuste ni pour la Martinique, ni pour la Guadeloupe, ni pour la Réunion. C'est un des motifs qui me font désirer que l'on conserve cet état de choses consacré par le sénatus-consulte de 1854.

Dans l'intérieur de la France vous faites la même chose. Quand on a commencé les chemins de fer, on a sagement commencé par suivre les grandes vallées, pays riches, populeux et productifs; vous avez construit de la sorte un certain nombre de chemins excellents. Ensuite sont arrivés les pays des montagnes.

ceux du centre de l'empire. Ils ont dit : Parce que notre territoire présente des difficultés énormes, n'aurons-nous pas aussi de chemins de fer? (Interruption.) Si on ne veut pas m'écouter, je ne finirai pas.

M. le Président. Si vous voulez vous reposer un instant, vous devez être fatigué.

M. le baron Dupin. Je vous remercie, c'est inutile. Pour le Grand-Central, c'est autre chose ; l'État a dit : Je payerai ma part, soit 40 p. 0/0 ; pour le reste, — il y a divers réseaux en France, réseau de l'Est, réseau de l'Ouest, — je ferai le partage entre eux; alors le chemin s'exécutera. Je ne blâme pas ; j'ai pour principe de ne rien blâmer de ce qui porte un cachet d'utilité. Mais j'appelle cela subventionner, payer aux frais de l'État ; c'est si bien aux frais de l'empire, qu'au bout d'un certain nombre d'années tous les chemins feront retour à l'État, et le Grand-Central comme les autres.

Je dis donc que la subvention est un principe général en France, pour les pays nécessiteux, et ce n'est pas une faveur particulière à nos trois colonies.

Toutes les autres jouissent du même droit : certes, il serait singulier qu'on pût dire : Nous vous faisons un présent superbe, un sénatus-consulte ; vous allez être très-favorisés, car, désormais, vous payerez, et vous payerez au delà de vos moyens. Un tel procédé ne serait point parfaitement goûté par nos colons.

C'est à la Guadeloupe que je veux venir, pour terminer, à ce pays si malheureux. Qu'il me soit permis de vous indiquer un des grands services et qui font le plus d'honneur à notre pays.

Quand la nouvelle est venue des malheurs de cette île, Mgr l'évêque de Nevers, qui précédemment avait été évêque de la Guadeloupe et missionnaire dans l'Inde, avec un dévouement comparable à celui de saint François-Xavier, Mgr de Nevers s'est souvenu de ses premiers diocésains, dont il avait chéri toutes les .classes ; il est venu en toute hâte à Paris trouver M. le ministre de la marine et des colonies, pour se mettre à sa disposition; il a dit : Je veux redevenir missionnaire, en faveur des malheureux. C'est moi qui vais aller solliciter la charité d'un bout à l'autre de la France pour venir au secours de ma chère Guadeloupe. M. le ministre s'est empressé de l'accueillir, il l'a constitué l'apôtre de la commission, composée de tous les chefs de la marine, et lui-même a figuré parmi les premiers donateurs. L'Empereur et l'Impératrice, tous les amiraux, tous les vice-amiraux, tout le monde s'est mis à l'œuvre.

Mgr de Forcade a quitté son palais de Nevers; il est allé prendre une simple chambre dans le clocher de Saint-Germain-des-Prés. Il a fait cette demande aux compagnies de chemins de fer : J'ai besoin de parcourir la France entière; je sollicite de vous une seule chose, donnez-moi mon parcours sur vos lignes. Les compagnies très-noblement l'ont accordé sur-le-champ.

Eh bien, cet homme de Dieu, en parcourant tous les départements, en s'adressant à tous les évêques, et s'adresser aux évêques, c'est obtenir le concours de tous les curés, Mgr de Forcade a fait agir ces innombrables et fécondes ramifications de la bienfaisance chrétienne. En trois ou quatre mois, il a recueilli 1,200,000 francs.

On avait établi simultanément une association des dames patronnesses, parce qu'en France, pour que les choses réussissent parfaitement, il faut toujours qu'il y ait des dames, surtout quand il s'agit de produire le bien.

Quand le prélat eut réuni cette grande somme, il se rendit au palais de l'auguste présidente de dames patronnesses. Cette présidente était l'Impératrice des Français, et cela ne vous surprendra pas.

C'était la même souveraine qui, peu de temps auparavant, avait visité les cholériques, et les avait visités avec un costume si modeste, avec une voix qui partait si bien du cœur, que l'un des pauvres moribonds, qui n'y voyait plus, lui dit : « Ma sœur, je vous remercie de votre infinie bonté. »

Il y avait autour d'elle des officieux qui s'empressèrent de dire au pauvre malheureux : « Vous ne savez donc pas que vous parlez à Sa Majesté?—Ah! je vous demande bien pardon, madame! »

L'Impératrice répondit : « Mon ami, vous ne pouviez pas faire de moi un plus bel éloge qu'en me prenant pour une sœur de charité. »

Eh bien! monseigneur l'évêque de Nevers et de la Guadeloupe, je ne sépare pas ces deux titres, est allé avec les dames patronnesses trouver l'Impératrice en lui disant : « Ma sœur, je viens faire hommage et mettre aux pieds de Votre Majesté les 1,200 mille francs que nous avons recueillis sous vos auspices. »

Messieurs les Sénateurs, ces 1,200 mille francs vont franchir l'Atlantique, ils vont arriver à la Guadeloupe ; là toutes ces races indistinctement, blancs, noirs, mulâtres, tout en ressentira le bienfait, qui sera célébré dans chaque église par un *Te Deum* des plus solennels.

Est-ce que vous croyez que ce ne sera qu'une cérémonie pour

le rapprochement le plus intime des races? Ce sera quelque chose, croyez-le bien, de plus conciliant que les dispositions même les mieux entendues d'un sénatus-consulte, quel qu'il soit.

Je vous demande pardon, Messieurs les Sénateurs, si j'ai trop longtemps abusé de votre bonté. Mais j'avais besoin de vous dire des choses que j'ai observées depuis quarante ans; de vous citer les faits que j'ai vus et auxquels j'ai coopéré.

En me résumant, je suis pour toutes les mesures de prudence du premier sénatus-consulte sagement conservées par le second. Je désirerais, il est vrai, de légères améliorations; ainsi je voudrais qu'on n'affaiblît pas les subventions coloniales, et qu'on laissât au Corps législatif les attributions qu'il a droit de conserver. Je déclare de nouveau que je ne propose pas d'amendement. Si la commission repousse les modifications que j'indique, je garderai le silence et je n'en voterai pas moins pour le sénatus-consulte. Je ne me crois pas assez puissant pour proposer en cette circonstance un amendement.

Les raisons que j'ai données au Sénat, je les ai données dans mon bureau. Elles ont suffi pour qu'après trois tours de scrutin je fusse exclu de la commission. J'ai donc raison d'être modeste et de ne rien proposer. Je me borne, en conséquence, à voter pour le projet de sénatus-consulte. (Marques nombreuses d'adhésion.)

M. le Président. La parole est à M. Michel Chevalier.

M. Michel Chevalier. Messieurs les Sénateurs, je n'entreprendrai pas de répondre au discours d'ailleurs plein d'intérêt que vous venez d'entendre, et cela par beaucoup de raisons. La première est une raison d'insuffisance. Je ne suis pas en mesure de parler sur une aussi grande variété de sujets, et puis, j'ai eu une vie bien plus simple, bien moins considérable que celle de l'honorable M. Dupin; je n'ai pas été mêlé à autant d'événements, je n'ai pas d'anecdotes aussi curieuses à vous conter. Je me renfermerai très-strictement dans mon sujet, et je tâcherai d'être bref, pensant que, de cette manière au moins, je vous serai agréable.

Il est presque superflu de le dire, j'approuve le sénatus-consulte, et je crois qu'ici il a très-peu d'adversaires; il n'en a peut-être pas un seul, mais chacun le juge à son point de vue; chacun a ses motifs pour l'apprécier et chacun peut en voir les origines d'une certaine façon, et les conséquences d'une autre. Je vous demande la permission de vous expliquer ce que j'en pense, en très-peu de mots.

Le sénatus-consulte n'est pas un effet du hasard ; il est né pour ainsi dire du courant des événements, il est sorti du flot des opinions, et c'est pour cela qu'il rencontre un accueil si favorable et si unanime. Il est né du mouvement de l'opinion qui caractérise notre temps. C'est un mouvement libéral qui s'appuie sur les principes et qui, en même temps, est très-avide des conseils de l'expérience : c'est pour cela que ce mouvement est de nature à nous éviter les faux pas. Le sénatus-consulte s'appuie sur les principes qui forment la base du droit public moderne, et que la France respecte et aime, sous le nom de principes de 1789, savoir : une liberté sage, une égalité pénétrant de plus en plus dans les mœurs et dans les institutions ; une liberté qui se reflète surtout dans les actes de la vie pratique, dans les occupations journalières des individus, dans toutes les circonstances ordinaires de la vie, et qui, en cela, diffère de cette autre liberté dont je suis bien loin de médire, mais qui a été surtout adorée par la génération qui nous a précédés, et qui s'appliquait surtout aux faits de l'ordre politique.

Il était arrivé chez nous par un ensemble de circonstances que je n'ai certainement point ici à déduire, qu'en même temps que la liberté politique se développait, cette liberté qu'on peut appeler la liberté civile, bien qu'elle soit quelque chose de plus, cette liberté, qui s'applique à tous les actes de la vie, avait, au moment même où la liberté politique se développait, éprouvé beaucoup d'échecs par les conquêtes, par la guerre qui avaient absorbé presque l'activité de la France et surtout l'activité du Gouvernement pendant la République et le premier Empire. Ces événements avaient déterminé l'introduction en France d'un système réglementaire excessif ; ils avaient déterminé aussi, par l'effet du génie propre à Napoléon Ier, l'organisation d'une tutelle administrative qui pouvait avoir son bon côté dans ce temps-là, mais qui certainement, depuis une quarantaine d'années, aurait beaucoup plus d'inconvénients que d'avantages.

Depuis le règne de l'Empereur Napoléon III, une des plus grandes œuvres du Gouvernement, un de ses efforts les plus constants, c'est de faire disparaître cette tutelle administrative qui paralyse les efforts des individus, c'est de tempérer et d'abolir dans une foule de circonstances le système ultra-réglementaire qui, lorsqu'on l'a étendu à la législation d'un pays, devient un obstacle à des citoyens pour presque tous les actes de la vie

C'est ce mouvement contraire à l'esprit réglementaire, limitatif de la tutelle administrative, qui a donné lieu, dans l'intérieur de la France, à une multitude de lois salutaires ; c'est lui qui, appliqué aux colonies, a donné lieu d'abord au sénatus-consulte de 1854, dont vous voyez que je ne dis pas de mal, et au sénatus-consulte sur lequel vous délibérez aujourd'hui.

Ce sénatus-consulte a pour objet d'étendre aux colonies ces idées de suppression de tutelle administrative, de suppression d'une centralisation exagérée, et d'un système réglementaire excessif. Il a pour but aussi d'introduire dans les colonies, où la liberté politique n'avait pour ainsi dire pas pénétré, quelques-uns des éléments de cette liberté. Ce système, il ne faut pas cependant que nous nous flattions de l'avoir inventé, il faut bien le reconnaître.

A l'égard des colonies, nous n'avions pas créé des institutions et une organisation qui pussent soutenir la concurrence, la comparaison avec ce qui s'était fait dans la mère patrie, dans la métropole. Évidemment, depuis soixante ans, la métropole a organisé ses lois, ses règlements, ses usages d'une manière supérieure, je ne dirai pas parfaite, je crois qu'il y reste à faire encore beaucoup. Au contraire, nos colonies, peut-être parce qu'elles étaient peu importantes, avaient été beaucoup négligées. Mais il y a une nation qui a donné, sous le rapport des progrès des colonies, un exemple qu'aujourd'hui nous imitons et auquel nous ne saurions trop nous conformer : c'est l'Angleterre ; car, messieurs, il ne faut pas s'y tromper, c'est l'imitation restreinte, raisonnée, sagace du système colonial de l'Angleterre, qu'il s'agit, par le sénatus-consulte, d'introduire dans nos colonies. C'est pour cela que je vous demande la permission de vous entretenir quelques minutes de ce système colonial de l'Angleterre, parce que je le considère encore une fois comme étant l'origine et le principe de l'organisation que vous voulez donner à nos colonies, en ayant égard à la diversité des circonstances, bien entendu, et, comme on dit, *mutatis mutandis*.

L'Angleterre, au commencement du siècle et jusque vers 1820 et 1830, a eu le même système colonial qu'avaient tous les peuples dans le xviiiᵉ siècle. Les colonies étaient alors exploitées. On avait porté des individus soit dans une île, soit dans un pays inhabité, quelquefois même des armées dans un pays très-peuplé dont on s'était emparé. On exploitait ces possessions coloniales dans l'intérêt pur et simple de la métropole, en tâchant cependant de montrer de la bienveillance, autant que possible, aux habitants de la colonie, ne fût-ce que parce que c'était le seul moyen d'y attirer des hommes industrieux et ayant de l'initiative. Mais, jusqu'en 1833 , en Angleterre comme pour *nous*, comme pour l'Espagne , le système colonial consistait à avoir des établissements hors de chez soi et à les exploiter dans l'intérêt de son industrie , de son commerce et de sa navigation. C'étaient des sortes de fermes d'une grande superficie qu'on avait là. Le mot ferme est applicable , puisque la seule industrie à peu près qui y subsistât était l'industrie agricole.

Depuis un certain nombre d'années les Anglais se sont dit : Il faut changer ce système ; nous ne tirons pas le parti que nous pourrions de nos colonies , et elles nous coûtent beaucoup d'argent. Ils ont donc complétement changé de système ; ils ont passé à peu près du noir au blanc. Ainsi, dans le système adopté par l'Angleterre , les colonies n'ont pour ainsi dire plus aucune dépendance vis-à-vis de la métropole. La métropole les protége, elle les défendrait militairement dans le cas où elles seraient attaquées ; elle y entretient certaines garnisons , mais elle ne les gouverne pas, elle ne les administre pas, elle s'est retirée de plus en plus de tout ce qui concernait le gouvernement et l'administration des colonies. Bien plus , dans celles de ces colonies où la race blanche forme la grande masse de la population , comme l'Australie , — et aussi le continent de l'Amérique du Nord , le Canada , — dans ces colonies-là le gouvernement par lui-même est un fait tellement complet, qu'on a fini, dans ces colonies que je viens de nommer en dernier lieu , par organiser un gouvernement littéralement à l'instar de celui de la métropole.

Ainsi il y a deux Chambres dans les sept provinces qui aujourd'hui composent l'Australie ; l'une s'appelle le Conseil législatif, l'autre la Chambre des Communes. Et les choses se passent dans ces Parlements, dans ceux du Canada , du continent de l'Amérique du Nord, exactement comme à Londres. Le chef de l'administration porte le nom de gouverneur, il a des ministres, un *cabinet*, c'est le mot officiel; ces ministres sont choisis, et leur choix résulte de la préférence que la majorité des deux Chambres témoigne pour eux. La seule différence qu'il y ait avec l'Angleterre, c'est que les colonies n'ont-pas de Chambre des Lords héréditaires, parce que la matière manque. (On rit.)

Ce système qui consiste à avoir des colonies s'administrant et se gouvernant elles-mêmes , a parfaitement réussi pour l'Angleterre ; à cet égard-là, il ne peut y avoir deux opinions. Aussi, depuis que ce système est appliqué, les différentes provinces assez nombreuses qui composent le Canada, ont acquis une importance considérable. Les sept provinces qui composent l'Australie ont fait également de grands progrès. Il faut dire que là il y a eu une circonstance favorable qui a beaucoup aidé le mouvement : c'est ce métal , dont mon très-savant et très-illustre collègue M. le baron Dupin a dit du mal tout à l'heure ; il s'est trouvé des mines de ce métal qui ont certainement contribué à attirer plus de colons qu'il n'en serait venu , si les mines d'or n'avaient pas été là. Le succès a été complet et il peut se résumer en deux mots.

Vous savez tous avec quelle rapidité la population se développe aux États-Unis.

Les Etats-Unis sous ce rapport ont fait , on peut le dire , l'étonnement de l'Europe. La situation peut se rendre à peu près dans les termes que voici :

On fait un recensement tous les dix ans , et généralement il constate 35 p. 0/0 d'accroissement dans ces dix ans.

Eh bien , dans les colonies de l'Australie et du Canada , l'accroissement est plus considérable ; il est de 45 à 50 p. 0/0 dans la même période de temps.

Il était impossible que le succès de ce système ne frappât point un gouvernement éclairé comme le nôtre , qui n'a pas de parti pris, et qui cherche le bien partout où il est , en disant : Je prends mon bien où je le trouve.

Je n'hésite pas à dire, c'est ma conviction, que c'est ce grand succès du système de l'administration des colonies par elles-mêmes qui a déterminé notre éminent collègue M. de Chasseloup-Laubat, ici présent , à proposer et le Gouvernement à adopter la réforme qui fait l'objet du sénatus-consulte actuel. Ainsi, vous le voyez, ce sénatus-consulte se présente sous les auspices les meilleurs , les plus favorables. C'est , encore une fois, la limitation , l'abolition ou l'amoindrissement de ce qu'on considère comme étant une institution du despotisme même , c'est-à-dire un système réglementaire excessif , une tutelle administrative exagérée et une centralisation renforcée ; ensuite , il y a à côté de cela l'expérience , le grand succès de ce système appliqué sur la plus large échelle dans les colonies anglaises.

Il n'en faut pas davantage pour justifier en masse le sénatus-consulte , pour le légitimer en bloc à vos yeux. Et , cependant , je vais au-devant d'une objection qui se fait quelquefois et contre laquelle il me semble qu'il est de notre devoir de réclamer.

On dit : Les Français ne sont pas des Anglais ; ce système, qui a réussi avec des Anglais , vous en feriez vainement la tentative avec des Français ; le Français a besoin d'être conduit à la lisière et tenu comme une espèce de mineur... Ce n'est pas vrai ! C'est une injure faite à notre nation, injure qu'elle ne mérite pas, et je la justifierai d'un mot puisé dans la pratique, dans l'expérience, et c'est là qu'il faut chercher les démonstrations les plus positives et les plus irrécusables.

Voici ces faits. Parmi les colonies anglaises actuelles, il y en a une qui donnait de grandes espérances quand nous l'avons perdue, c'est le bas Canada. Lorsque le malheureux gouvernement de Louis XV fit la faute de le détacher de la mère patrie, le bas Canada était peuplé de Français ; il l'est encore aujourd'hui, le bas de la vallée du Saint-Laurent est presque uniquement peuplé de colons de race française.

M. Suin. C'est la Coutume de Paris qui y est appliquée.

M. Michel Chevalier. Et comme me le souffle M. Suin, la Coutume de Paris est encore la loi appliquée par les tribunaux.

Nulle part ce système dont nous parlons, de l'administration, du gouvernement du pays par le pays lui-même, n'a réussi mieux que dans le bas Canada, peuplé cependant de Normands ou Bas-Bretons qui vous disent encore aujourd'hui : Nous, nous sommes la nouvelle France ; vous, vous êtes de la vieille.

Je tirerai une autre preuve de ce qui s'est passé en Californie ; il s'y est transporté beaucoup de Français qui en sont aujourd'hui habitants. Eh bien, ils sont au nombre de ceux qui ont montré le plus d'initiative, d'esprit de ressources, qui se sont le plus assimilés et qui ont le mieux appliqué ce qu'on appelle le gouvernement du pays par le pays, *self-government.*

Ils s'y sont tellement assimilés, qu'une des entreprises les plus hardies, les plus ingénieuses, les plus belles, et, je demanderai la permission de le dire, les plus lucratives, quoique M. Charles Dupin trouve que ce ne soit pas bien, a été faite par des colons français dans la Californie.

Il s'agissait d'aller chercher l'eau dans des glaciers des montagnes Rocheuses, à une grande distance, et de la conduire à travers monts et vaux, jusqu'à l'endroit où se trouve un très-beau et vaste gisement de sable aurifère. Personne ne l'avait fait jusque-là. C'est une association de cinq mineurs français qui l'a entrepris avec l'argent qu'ils avaient gagné en exploitant les mines, et ils ont réussi. Ils ont établi des aqueducs de 100 et 150 pieds de haut à travers les vallées, ils ont mené l'eau jusqu'à l'endroit où sont aujourd'hui les mineurs, et ils rendent à la fois un grand service au pays et à eux-mêmes.

En un mot, le sénatus-consulte sur lequel vous allez prononcer est parfaitement justifié, je veux dire dans son ensemble.

Maintenant, si vous l'examinez dans ses détails, il se pourrait bien qu'il y eût quelque chose à y reprendre ; mais j'avoue que mon penchant est de prendre les choses du bon côté. (Sourires.)

Si donc j'aperçois quelque chose qui me paraisse imparfait dans ce sénatus-consulte, je dis que dans trois ou quatre ans nous en ferons un autre. Naturellement, parce qu'on fait ces choses progressivement et successivement, — c'est même de bonne politique de faire ainsi les choses progressivement et successivement, — ce qu'il peut y avoir d'imparfait, je dirai de timide même dans le sénatus-consulte, sera corrigé lorsque nous en ferons une seconde édition.

Je ne veux pas abuser plus longtemps des moments du Sénat, je nomme seulement les choses qui me paraissent imparfaites et empreintes d'une certaine timidité, que je critique parce qu'elle n'est pas dans les allures du Gouvernement actuel, — les gouvernements grands, les gouvernements forts, munis d'une grande prérogative, n'ont pas besoin d'être timides, — ce que je trouve de timide, c'est précisément ce que mon très-savant et très-illustre collègue M. le baron Dupin trouvait hardi, c'est l'affaire des douanes. Il trouvait excessif que les conseils coloniaux fissent les tarifs avec la réserve que le conseil aurait ensuite à les homologuer et à les approuver ; j'aurais mieux aimé, moi, qu'on fît comme dans les colonies anglaises, qu'on leur donnât pleine latitude pour faire les tarifs sous la même réserve qui a été adoptée à l'égard des colonies anglaises, à savoir de ne pas faire à la métropole un traitement plus désavantageux qu'aux autres pays, d'avoir un tarif uniforme pour toutes les provenances ; j'aurais mieux aimé cela, il n'y a pas d'inconvénient, et je suis persuadé que les colons n'en auraient pas abusé. C'est une liberté dont la sagesse de ces conseils fait qu'on aurait pu la leur confier sans aucune crainte.

Ensuite, je répéterai volontiers une observation qu'a faite M. Hubert Delisle, c'est que, franchement, il y a un peu trop d'absence de système représentatif dans le sénatus-consulte. Je n'aurais pas demandé certes qu'on appliquât dans les colonies le suffrage universel, ce serait excessif, entièrement prématuré ; mais, d'un autre côté, il y a une distance bien grande entre l'absence totale du système représentatif et le suffrage universel qui est le système représentatif porté à ses dernières limites. — Je crois qu'on aurait pu s'arrêter à un système électif fondé comme celui qui est en usage dans les colonies anglaises voisines des nôtres, car l'Angleterre possède, vous le savez, plusieurs îles dans les Antilles. Il y a là des élections, un système représentatif au moyen duquel sont formées des assemblées. — Il y a un conseil électoral, même assez élevé. — J'aurais aimé qu'on introduisît dans le sénatus-consulte une disposition semblable. Mais ces imperfections n'empêchent pas qu'à mes yeux le sénatus-consulte soit un progrès, une très-bonne chose, et, encore une fois, le cours naturel des événements ramènera devant le Sénat la question des colonies avant qu'il soit beaucoup d'années ; alors on fera ce qu'on n'a pas pu faire aujourd'hui.

M. le Président. La parole est à M. le vice-amiral Bouët-Willaumez.

Plusieurs sénateurs. Aux voix ! aux voix !

M. le Président. Plusieurs sénateurs demandent la clôture, mais je pense que le Sénat voudra entendre M. le vice-amiral Bouët-Willaumez, qui, du reste, je crois, n'en aura pas pour longtemps ?

M. le vice-amiral comte Bouët-Willaumez. Non, monsieur le président.

Je ne viens pas, comme deux de mes honorables prédécesseurs, critiquer le sénatus-consulte , mais je viens le défendre, et il ne me faut rien moins que ma qualité d'ancien gouverneur des colonies françaises pour que j'ose entreprendre cette défense devant le Sénat, quand l'auteur du lumineux rapport que vous avez entendu siége dans cette enceinte.

Permettez-moi d'abord quelques mots sur la situation financière. Le mécanisme du nouveau sénatus-consulte est très-simple. Autrefois le budget colonial était divisé en deux parties. Je prends la Martinique pour exemple ; l'ensemble des dépenses de toute nature s'élevait, pour l'année 1865, dans cette colonie à 6,407,000 francs, sur lesquels le budget métropolitain devait solder 2,932,500, et le budget local, 3,474,500.

Qu'arrivait-il, Messieurs, au sein de chaque conseil privé, lorsque les dépenses étaient à ajouter au budget ? Le gouverneur était le plus souvent tenté, et je l'ai été comme les autres, en présence des gros revenus de la métropole, qui se comptent par millions, et des minces revenus de la colonie, de charger le budget de la métropole et de diminuer le budget local.

Avec le nouveau mécanisme, cette tentation disparaît ; les deux budgets sont fusionnés et l'on dit à la colonie : A vous le

soin maintenant de régler votre budget, de régler les recettes
comme les dépenses. Toutefois, comme les dépenses dépasse-
ront vos recettes, l'article 7 du sénatus-consulte se réserve
de laisser à la métropole le soin d'accorder une subvention.

Voilà, Messieurs, la situation ; elle est très-nette et très-
simple.

Elle augmente la puissance administrative du conseil colonial,
elle sauvegarde plus que par le passé la situation financière de
la métropole, bien que la métropole doive considérer la colonie
comme partie intégrante et précieuse du territoire et lui donner,
dans la limite qui est reconnue nécessaire, une subvention. Je
reviendrai tout à l'heure sur cette subvention.

Ces quelques mots élucident, je crois, la question du budget,
et se rapprochent d'ailleurs de ce que l'honorable rapporteur
du sénatus-consulte a si bien élucidé lui-même.

Je vais maintenant ajouter quelques détails au sujet de l'organisation politique, car jusqu'ici il me semble qu'elle n'a été
qu'effleurée.

L'honorable M. Hubert Delisle a parlé du suffrage restreint, et
il a été d'accord avec tout le monde pour repousser le suffrage
universel. Mais il faut voir ce que veulent les colonies elles-
mêmes. Un océan nous sépare de la Martinique et de la Guadeloupe, deux océans nous séparent de la Réunion, et c'est précisément à cause de cet éloignement que l'on a eu l'idée de
constituer, au sein du ministère de la marine, un comité
consultatif qui n'est que l'écho des conseils généraux des colonies elles-mêmes.

Or, qu'ont voulu les conseils généraux ? qu'a voulu ce comité
consultatif ? Il me semble qu'ils sont en cette matière les meilleurs juges de la situation des esprits dans le pays.

Eh bien, Messieurs, le suffrage universel a été repoussé par
tous les conseils généraux des colonies ; le comité consultatif
l'a également repoussé en déclarant péremptoirement qu'il y aurait les plus grands dangers à introduire brusquement le droit
électoral de la métropole au milieu d'une société qui, bien qu'en
voie d'apaisement marqué, est loin d'être complétement remise
de l'ébranlement profond que lui a causé l'émancipation.

Voilà ce qui touche le suffrage universel. Pour ce qui concerne
le suffrage restreint, la proposition a été également faite.

La Guadeloupe a demandé que l'électorat fût confié aux citoyens payant 50 francs de contributions directes ou de l'impôt
en tenant lieu, aux propriétaires d'une habitation d'au moins

5 hectares, enfin à tout habitant appartenant à diverses catégories de capacité.

La Réunion a demandé que les colléges électoraux fussent composés de citoyens justifiant d'une propriété mobilière ou immobilière de 2,000 francs ; d'une patente comprise dans les trois premières classes, ou de conditions de capacité différentes d'ailleurs de celles de la Guadeloupe.

Rien, d'ailleurs, dans l'enquête de ces deux colonies, ne précise nettement les préférences ou les répugnances qu'elles ont manifestées à l'égard des conditions de cens et de capacité auxquelles elles ont subordonné l'aptitude à l'électorat.

La Martinique a proposé de faire nommer le conseil général par l'Empereur, sur une liste double des membres qui doivent composer l'assemblée. Cette liste sera votée par les conseils municipaux.

Quant au comité consultatif, en présence de ces éléments si divers, on pourrait presque dire si opposés, il n'en a adopté aucun ; il n'a pas jugé qu'il fallût séparer en deux camps, dont l'un serait privilégié aux dépens de l'autre, la population entière. Il a pensé que ces solutions diverses et si difficiles à concilier entre elles engendreraient dans les colonies de nouveaux germes d'antagonisme.

En présence de ces résultats, de ces volontés si explicites et des conseils généraux et du comité consultatif, que devait faire la commission du sénatus-consulte, dont je faisais partie ?

Elle a adopté l'ancien système, qui n'avait donné que les excellents résultats dont vient de parler l'honorable M. Dupin, le système du sénatus-consulte de 1854.

Je laisse maintenant de côté, Messieurs, ces attributions politiques, et j'arrive à la question de la subvention qui sera réclamée évidemment par quelques colonies, sans que, je l'espère, M. le ministre des finances s'en effarouche trop. Il est évident que nos colonies, quoiqu'elles doivent multiplier leurs efforts pour se suffire le plus possible à elles-mêmes, ne peuvent y parvenir. Mais, Messieurs, pourrions-nous d'ailleurs les laisser manquer, je ne dirai pas du nécessaire, mais de ce qu'il y a de plus impérieusement utile ? Que sont nos colonies ? Ce sont nos étapes maritimes, indispensables sur l'océan Atlantique comme sur l'océan Indien, plus indispensables encore qu'à l'époque où la marine à voiles régnait en souveraine sur les mers. Elles sont indispensables, j'accentue le mot, à tel point que, si elles n'existaient point, il faudrait les inventer.

Je vais le prouver. De quoi se compose notre flotte ? de trois éléments principaux. Le premier, la flotte de combat, composée de trente frégates, corvettes ou batteries flottantes toutes cuirassées. Quel est son rôle ? c'est de livrer bataille. Le second élément comprend la flotte de transport, qui peut au besoin porter de 40 à 50 mille hommes sous l'égide de la flotte de combat. Enfin, le troisième élément se compose de vingt vaisseaux en bois et à hélice, vingt frégates en bois et à hélice, et dix corvettes de la même espèce ; en tout cinquante bâtiments en bois et à hélice rapides, qui pourraient être répartis en quinze divisions pour confisquer ou détruire le commerce ennemi sur tous les points des océans Atlantique ou Indien.

Mais c'est la course, dit-on, que vous prêchez là, la guerre de course abolie par le traité de 1856 ; c'est la liberté des mers que vous supprimez ! — Nullement, Messieurs.

Dans une enceinte voisine on a semblé dernièrement ne pas comprendre que le mot liberté des mers et le mot indépendance du pavillon sont absolument synonymes.

Mais quant à la destruction du commerce d'un ennemi qui a trois ou quatre fois plus de navires marchands que nous, elle ne renverse nullement le principe de la liberté des mers, pour lequel la marine française a combattu pendant de longs siècles. Nous tarissons, comme nous en avons le droit, la source de sa prospérité maritime pour le contraindre à la paix le plus tôt possible, ce qui est le but final d'une guerre ; mais nous n'en respectons pas moins le pavillon neutre et le grand principe que le pavillon couvre la marchandise, véritable programme de la liberté des mers.

La vérité est que nous devons conserver nos colonies pour que les quinze ou vingt divisions dans lesquelles se répartissent les cinquante vaisseaux, frégates ou corvettes dont je viens de parler puissent être jetés sur tous les points du globe, car nos colonies sont les véritables étapes de ces flottes lointaines. (Marques d'approbation.)

Elles seront heureuses, ces flottes, quand, en atterrissant à la Martinique, elles y trouveront la rade de Fort-de-France, la plus belle des Antilles, afin de s'y ravitailler à loisir de combustibles et de vivres ; lorsque la rade de la Pointe-à-Pitre à la Guadeloupe leur offrira les mêmes ressources ; lorsque, traversant l'océan Atlantique de l'ouest à l'est dans toute sa largeur, elles pourront au Sénégal puiser les mêmes ressources à l'excellent mouillage de l'île de Gorée, que l'illustre amiral Duperré avait l'habitude d'appeler la clef de nos côtes occidentales d'Afrique.

Enfin, si elles doublent le cap de Bonne-Espérance pour croiser dans les environs de l'île de la Réunion, elles trouveront dans cette île les rades de Saint-Denis et de Saint-Paul, rades foraines, si l'on veut, mais qui leur offriront de précieuses ressources pendant neuf mois de l'année ; et si enfin elles poussent plus loin encore leur croisière dans l'océan Indien, les rades, les arroyos de la Cochinchine leur offriront des centres de ravitaillement et des abris inattaquables dans lesquels elles s'abriteront, se réfugieront et se ravitailleront. (Nouvelles marques d'approbation.)

Ainsi nos colonies lointaines sont appelées à jouer un rôle immense comme étapes de ravitaillement pour nos croisières à vapeur. D'ailleurs nos colonies sont autant de fractions de la France, aussi françaises que la mère patrie elle-même par le cœur et par les souvenirs.

Si donc, en me résumant, on considère le sénatus-consulte au point de vue de la situation financière dont disposeront à l'avenir les conseils généraux, et de la situation politique qui leur est faite, et qui ne fait que reproduire les errements du passé, quand on considère que le principe de la subvention de la métropole est maintenu dans le sénatus-consulte par l'article 7, sous tous ces rapports, je me prends à douter s'il serait possible de faire mieux.

Je me suis donc associé de tout mon cœur à toutes les considérations qu'a développées la commission dans le très-remarquable rapport qui a été soumis à l'examen du Sénat. (Mouvement marqué d'approbation.)

M. le Président. La discussion générale est close. Le Sénat va passer à la discussion et au vote des articles.

M. le Sénateur secrétaire donne lecture des articles du sénatus-consulte.

En voici le texte :

« Art. 1ᵉʳ. Le conseil général statue :

« 1° Sur les acquisitions, aliénations et échanges des propriétés mobilières et immobilières de la colonie, quand ces propriétés ne sont pas affectées à un service public ;

« 2° Sur le changement de destination ou d'affectation des propriétés de la colonie, lorsque ces propriétés ne sont pas affectées à un service public ;

« 3° Sur le mode de gestion des propriétés de la colonie ;

« 4° Sur les baux de biens donnés ou pris à ferme ou à loyer, quelle qu'en soit la durée.

« 5° Sur les actions à intenter ou à soutenir au nom de la colonie, sauf dans le cas d'urgence, où le gouverneur peut intenter toute action ou y défendre, sans délibération préalable du conseil général, et faire tous actes conservatoires ;

« 6° Sur les transactions qui concernent les droits de la colonie.

« 7° Sur l'acceptation ou le refus des dons et legs faits à la colonie sans charge ni affectation immobilière, quand ces dons et legs ne donnent pas lieu à réclamation ;

« 8° Sur le classement, la direction et le déclassement des routes ;

« 9° Sur le classement, la direction et le déclassement des chemins d'intérêt collectif, la désignation des communes qui doivent concourir à l'entretien de ces chemins et les subventions qu'ils peuvent recevoir sur les fonds coloniaux, le tout sur l'avis des conseils municipaux ;

« 10° Sur les offres faites par les communes, par des associations ou des particuliers, pour concourir à la dépense des routes, des chemins ou d'autres travaux à la charge de la colonie ;

« 11° Sur les concessions à des associations, à des compagnies ou à des particuliers, de travaux d'intérêt colonial ;

« 12° Sur la part contributive de la colonie dans la dépense des travaux à exécuter par l'État et qui intéressent la colonie ;

« 13° Sur les projets, plans et devis des travaux exécutés sur les fonds de la colonie ;

« 14° Sur les assurances des propriétés mobilières et immobilières de la colonie ;

« 15° Sur l'établissement et l'organisation des caisses de retraite ou autres modes de rémunération, en faveur du personnel autre que le personnel emprunté aux services métropolitains.

« Le conseil général vote également les taxes et contributions de toute nature nécessaires pour l'acquittement des dépenses de la colonie.

« Les délibérations prises sur ces diverses matières sont définitives et deviennent exécutoires si, dans le délai d'un mois à partir de la clôture de la session, le gouverneur n'en a pas demandé l'annulation pour excès de pouvoir, ou pour violation d'un

sénatus-consulte, d'une loi, d'un règlement d'administration publique.

« Cette annulation est prononcée, sur le rapport du ministre
de la marine et des colonies, par décret de l'Empereur rendu
dans la forme des règlements d'administration publique. » —
(Adopté.)

« Art. 2. Le conseil général vote les tarifs d'octroi de mer sur
les objets de toute provenance, ainsi que les tarifs de douanes
sur les produits étrangers, naturels ou fabriqués, importés dans
la colonie.

« Les tarifs de douanes votés par le conseil général sont rendus exécutoires par décret de l'Empereur, le conseil d'Etat entendu. » — (Adopté.)

« Art. 3. Le conseil général délibère :

« 1° Sur les emprunts à contracter et les garanties pécuniaires
à consentir ;

« 2° Sur l'acceptation ou le refus des dons et legs faits à la
colonie en dehors des conditions spécifiées au paragraphe 7
de l'article 1er ;

« 3° Sur le mode de recrutement et de protection des immigrants ;

« 4° Sur le mode d'assiette et les règles de perception des contributions et taxes ;

« 5° Sur les frais de matériel des services de la justice et des
cultes ; sur les frais de personnel et de matériel du secrétariat du
gouvernement, de l'instruction publique, de la police générale,
des ateliers de discipline et des prisons ;

« 6° Sur le concours de la colonie dans les dépenses des travaux qui intéressent à la fois la colonie et les communes ;

« 7° Sur la part de la dépense des aliénés et des enfants assistés à mettre à la charge des communes et sur les bases de la
répartition à faire entre elles ; sur le règlement d'admission dans
un établissement public des aliénés dont l'état n'est pas compromettant pour l'ordre public et la sûreté des personnes ;

« 8° Sur l'établissement, le changement ou la suppression des
foires et marchés.

« Un règlement d'administration publique déterminera le mode
d'approbation des délibérations prises par le conseil général en
vertu du présent article. » — (Adopté.)

« Art. 4. Le conseil général donne son avis :

« Sur les changements proposés à la circonscription du territoire des arrondissements, des cantons et des communes, et à la
désignation des chefs-lieux ;

« Sur les difficultés relatives à la répartition de la dépense des travaux qui intéressent plusieurs communes,

« Et, en général, sur toutes les questions d'intérêt colonial dont la connaissance lui est réservée par les règlements ou sur lesquelles il est consulté par le gouverneur. » — (Adopté.)

« Art. 5. Le budget de la colonie est délibéré par le conseil général et arrêté par le gouverneur.

« Il comprend :

« 1° Les recettes de toute nature, autres que celles provenant de la vente ou de la cession d'objets payés sur les fonds généraux du Trésor, et des retenues sur les traitements inscrits au budget de l'État ;

« 2° Toutes les dépenses autres que celles relatives :

« Au traitement du gouverneur ;

« Au personnel de la justice et des cultes ;

« Au service du trésorier-payeur ;

« Aux services militaires. » — (Adopté.)

« Art. 6. Des subventions peuvent être accordées aux colonies sur le budget de l'Etat.

« Des contingents peuvent leur être imposés jusqu'à concurrence des dépenses civiles maintenues au compte de l'État par l'article ci-dessus, et jusqu'à concurrence des suppléments coloniaux de la gendarmerie et des troupes.

« La loi annuelle de finances règle la quotité de la subvention accordée à chaque colonie, ou du contingent qui lui est imposé.» — (Adopté.)

« Art. 7. Le budget des dépenses est divisé en deux sections comprenant :

« La première, les dépenses obligatoires ;

« La seconde, les dépenses facultatives.

« Sont obligatoires :

« Les dettes exigibles ;

« Le minimum des frais de personnel et de matériel de la direction de l'intérieur, fixé par décret de l'Empereur ;

« Les frais de matériel de la justice et des cultes ;

« Le loyer, l'ameublement et l'entretien du mobilier de l'hôtel du gouverneur ;

« Les frais de personnel et de matériel du secrétariat du gouvernement, des ateliers de discipline et des prisons ;

« La part afférente à la colonie dans les frais de personnel et de matériel de l'instruction publique et de la police générale, et dans les dépenses des enfants assistés et des aliénés ;

« Le casernement de la gendarmerie ;

« Le rapatriement des immigrants, à l'expiration de leur engagement ;

« Les frais d'impression des budgets et comptes des recettes et des dépenses du service local et des tables décennales de l'état civil ;

« Les contingents qui peuvent être mis à la charge de la colonie, conformément à l'article 7.

« La première section comprend, en outre, un fonds de dépenses diverses et imprévues, dont le ministre détermine, chaque année, le minimum, et qui est mis à la disposition du gouverneur. » — (Adopté.)

« Art. 8. Si les dépenses obligatoires ont été omises ou si le gouverneur, en conseil privé, estime que les allocations portées pour une ou plusieurs de ces dépenses sont insuffisantes, le gouverneur y pourvoit provisoirement à l'aide du fonds de dépenses diverses et imprévues.

« En cas d'insuffisance de ce fonds, il en réfère au ministre, qui, sur sa proposition, inscrit d'office les dépenses omises ou augmente les allocations.

« Il est pourvu par le gouverneur, en conseil privé, à l'acquittement de ces dépenses, au moyen soit d'une réduction des dépenses facultatives, soit d'une imputation sur les fonds libres, ou, à défaut, par une augmentation du tarif des taxes. » — (Adopté.)

« Art. 9. Les dépenses votées par le conseil général à la deuxième section du budget ne peuvent être changées ni modifiées par le gouverneur, sauf dans le cas prévu par l'article précédent, et à moins que les dépenses facultatives n'excèdent les ressources ordinaires de l'exercice après prélèvement des dépenses obligatoires.

« Le ministre de la marine et des colonies prononce définitivement sur ces changements ou modifications. » — Adopté.

« Art. 10. Si le conseil général ne se réunissait pas ou s'il se séparait sans avoir voté le budget, le ministre de la marine et des colonies l'établirait d'office, sur la proposition du gouverneur, en conseil privé. » — (Adopté.)

« Art. 11. Les séances du conseil général ne seront pas publiques.

« Le conseil général peut ordonner la publication de tout ou partie de ses délibérations ou procès-verbaux. Le nom des membres qui ont pris part aux discussions n'est pas mentionné.

« Le conseil général peut adresser directement au ministre de
la marine et des colonies, par l'intermédiaire de son président,
les réclamations qu'il aurait à présenter dans l'intérêt spécial de
la colonie, ainsi que son opinion sur l'état et les besoins de différents services publics de la colonie. » — (Adopté.)

« Art. 12. Sont abrogés les articles 13, 14, 15 et 16 du sénatus-consulte du 3 mai 1854 et les dispositions des articles 4 et 5
en ce qu'elles ont de contraire au présent sénatus-consulte. »
— (Adopté.)

M. Hubert Delisle. Avant qu'il soit procédé au scrutin, je désirerais, Monsieur le Président, faire une seule question.

Nous avons dans notre législation métropolitaine des principes
qui sont parfaitement fixes en ce qui concerne les traités de commerce. Je voudrais savoir dans quelle situation se trouveront les
colonies ; c'est une question que j'ai adressée à la commission, et
je la renouvelle ici. Quand il y a un traité de commerce fait pour
la France, quelle sera la situation des colonies ? Car, vous le savez, d'après le sénatus-consulte actuel, les conseils généraux
ont la faculté de taxer les marchandises étrangères qui entrent
dans les colonies. Cette faculté vient de leur être donnée. Maintenant, la France, faisant un traité de commerce, je demande quelle
sera la situation des colonies relativement à cette taxation qui
sera faite par les conseils généraux.

M. Chamblain, commissaire du Gouvernement. Je ne comprends pas la question.

M. Hubert Delisle. Si le Gouvernement ne répond pas, il est
convenu que le droit reste entier pour les colonies, et que les
traités de commerce ne pourront pas porter atteinte à cette législation coloniale ?

M. Chamblain, commissaire du Gouvernement. Pardon, je
demande à répondre un mot. Je n'avais pas bien compris d'a-
bord, Messieurs, la portée de l'observation de l'honorable M. Hubert Delisle, mais ce qu'il vient de dire en dernier lieu peut
éclairer le Sénat sur les conséquences qu'entraînerait la doctrine
dans laquelle il vient de résumer son opinion.

M. Hubert Delisle. J'ai posé une question.

M. le commissaire du Gouvernement. Son application ne serait
pas autre chose, ce me semble, que la négation du droit qui appartient au souverain de faire les traités de commerce, droit constitutionnel en dehors du pouvoir législatif. Les colonies recou-
vrent le droit de faire les tarifs de douane dans les mêmes
conditions que pour la métropole, le Corps législatif a le droit de

faire ses tarifs. Mais la question constitutionnelle du droit du souverain est réservée dans l'un et dans l'autre cas de la même manière et ne saurait en aucune façon être engagée.

M. Hubert Delisle. Il est très-bon que le sens soit expliqué.

M. le Président. Il ne pourrait en être autrement.

M. le Président. Il va être procédé au scrutin sur l'ensemble du sénatus-consulte.

Le vote a lieu, et son dépouillement donne le résultat suivant :

> Nombre de votants........ 96
> Bulletins blancs.......... 96

(En conséquence, le Sénat a adopté le projet du sénatus-consulte modificatif du sénatus-consulte du 3 mai 1854, relativement à la constitution des colonies de la Martinique, de la Guadeloupe et de la Réunion.)

Le sénatus-consulte porte la date du 4 juillet 1864 et est inséré au n° 1402 du *Bulletin des Lois* (2ᵉ semestre 1866, p. 1).

4° Sénatus-consulte portant modification du sénatus-consulte du 3 mai 1854, qui règle la constitution des colonies de la Martinique, de la Guadeloupe et de la Réunion.

Du 4 juillet 1866.

NAPOLÉON, par la grâce de Dieu et la volonté nationale, EMPEREUR DES FRANÇAIS,

A tous présents et à venir, SALUT.

Avons sanctionné et sanctionnons, promulgué et promulguons ce qui suit :

Extrait du procès-verbal du Sénat.

SÉNATUS-CONSULTE

PORTANT MODIFICATION DU SÉNATUS-CONSULTE DU 3 MAI 1854, QUI RÈGLE LA CONSTITUTION DES COLONIES DE LA MARTINIQUE, DE LA GUADELOUPE ET DE LA RÉUNION.

ART. 1ᵉʳ. Le conseil général statue :

Sur les acquisitions, aliénations et échanges des propriétés mobilières et immobilières de la colonie, quand ces propriétés ne sont pas affectées à un service public ;

2° Sur le changement de destination et d'affectation des propriétés de la colonie, lorsque ces propriétés ne sont pas affectées à un service public ;

3° Sur le mode de gestion des propriétés de la colonie ;

4° Sur les baux de biens donnés ou pris à ferme ou à loyer, quelle qu'en soit la durée ;

5° Sur les actions à intenter ou à soutenir au nom de la colonie, sauf dans le cas d'urgence, où le gouverneur peut intenter toute action ou y défendre, sans délibération préalable du conseil général, et faire tous actes conservatoires ;

6° Sur les transactions qui concernent les droits de la colonie ;

7° Sur l'acceptation ou le refus des dons et legs faits à la colonie sans charges ni affectation immobilière, quand ces dons et legs ne donnent pas lieu à réclamation ;

8° Sur le classement, la direction et le déclassement des routes ; .

9° Sur le classement, la direction et le déclassement des chemins d'intérêt collectif, la désignation des communes qui doivent concourir à l'entretien de ces chemins et les subventions qu'ils peuvent recevoir sur les fonds coloniaux, le tout sur l'avis des conseils municipaux ;

10° Sur les offres faites par les communes, par des associations ou des particuliers, pour concourir à la dépense des routes, des chemins ou d'autres travaux à la charge de la colonie ;

11° Sur les concessions à des associations, à des compagnies ou à des particuliers, de travaux d'intérêt colonial ;

12° Sur la part contributive de la colonie dans la dépense des travaux à exécuter par l'État et qui intéressent la colonie ;

13° Sur les projets, plans et devis des travaux exécutés sur les fonds de la colonie ;

14° Sur les assurances des propriétés mobilières et immobilières de la colonie ;

15° Sur l'établissement et l'organisation des caisses de retraite ou autres modes de rémunération, en faveur du personnel autre que le personnel emprunté aux services métropolitains.

Le conseil général vote également les taxes et contributions de toute nature nécessaires pour l'acquittement des dépenses de la colonie.

Les délibérations prises sur ces diverses matières sont définitives et deviennent exécutoires si, dans le délai d'un mois à partir de la clôture de la session, le gouverneur n'en a pas demandé l'annulation pour excès de pouvoir, pour violation d'un sénatus-consulte, d'une loi ou d'un règlement d'administration publique.

Cette annulation est prononcée, sur le rapport du ministre de la marine et des colonies, par décret de l'Empereur rendu dans la forme des règlements d'administration publique.

Art. 2. Le conseil général vote les tarifs d'octroi de mer sur les objets de toute provenance, ainsi que les tarifs de douanes sur les produits étrangers, naturels ou fabriqués, importés dans la colonie.

Les tarifs de douane votés par le conseil général sont rendus exécutoires par décrets de l'Empereur, le conseil d'État entendu.

Art. 3. Le conseil général délibère :

1° Sur les emprunts à contracter et les garanties pécuniaires à consentir ;

2° Sur l'acceptation ou le refus des dons et legs faits à la colonie en dehors des conditions spécifiées au § 7 de l'article 1er;

3° Sur le mode de recrutement et de protection des immigrants;

4° Sur le mode d'assiette et les règles de perception des contributions et taxes ;

5° Sur les frais de matériel des services de la justice et des cultes ; sur les frais de personnel et de matériel du secrétariat du gouvernement, de l'instruction publique, de la police générale, des ateliers de discipline et des prisons ;

6° Sur le concours de la colonie dans les dépenses des travaux qui intéressent à la fois la colonie et les communes ;

7° Sur la part de la dépense des aliénés et des enfants assistés à mettre à la charge des communes, et sur les bases de la répartition à faire entre elles ; sur le règlement d'admission dans un établissement public des aliénés dont l'état n'est pas compromettant pour l'ordre public et la sûreté des personnes ;

8° Sur l'établissement, le changement ou la suppression des foires et marchés.

Un règlement d'administration publique déterminera le mode d'approbation des délibérations prises par le conseil général en vertu du présent article.

Art. 4. Le conseil général donne son avis :

Sur les changements proposés à la circonscription du territoire des arrondissements, des cantons et des communes, et à la désignation des chefs-lieux ;

Sur les difficultés relatives à la répartition de la dépense des travaux qui intéressent plusieurs communes ;

Et, en général, sur toutes les questions d'intérêt colonial dont la connaissance lui est réservée par les règlements ou sur lesquelles il est consulté par le gouverneur.

Art. 5. Le budget de la colonie est délibéré par le conseil général et arrêté par le gouverneur.

Il comprend :

1° Les recettes de toute nature autres que celles provenant de la vente ou de la session d'objets payés sur les fonds généraux du Trésor et des retenues sur les traitements inscrits au budget de l'État ;

2° Toutes les dépenses autres que celles relatives :

Au traitement du gouverneur ;

Au personnel de la justice et des cultes ;

Au service du trésorier-payeur ;

Aux services militaires.

Art. 6. Des subventions peuvent être accordées aux colonies sur le budget de l'État.

Des contingents peuvent leur être imposés jusqu'à concurrence des dépenses civiles maintenues au compte de l'État par l'article ci-dessus, et jusqu'à concurrence des suppléments coloniaux de la gendarmerie et des troupes.

La loi annuelle de finances règle la quotité de la subvention accordée à chaque colonie ou du contingent qui lui est imposé.

Art. 7. Le budget des dépenses est divisé en deux sections comprenant :

La première, les dépenses obligatoires ;

La seconde, les dépenses facultatives.

Sont obligatoires :

Les dettes exigibles ;

Le minimum des frais de personnel et de matériel de la direction de l'intérieur, fixé par décret de l'Empereur ;

Les frais de matériel de la justice et des cultes ;

Le loyer, l'ameublement et l'entretien du mobilier de l'hôtel du gouverneur ;

Les frais de personnel et de matériel du secrétariat du gouvernement, des ateliers de discipline et des prisons ;

La part afférente à la colonie dans les frais de personnel et de matériel de l'instruction publique et de la police générale, et dans les dépenses des enfants assistés et des aliénés ;

Le casernement de la gendarmerie ;

Le rapatriement des immigrants à l'expiration de leur engagement ;

Les frais d'impression des budgets et comptes des recettes et des dépenses du service local et des tables décennales de l'état civil ;

Les contingents qui peuvent être mis à la charge de la colonie, conformément à l'article 6.

La première section comprend, en outre, un fonds de dépenses diverses et imprévues, dont le ministre détermine chaque année le minimum, et qui est mis à la disposition du gouverneur.

Art. 8. Si les dépenses obligatoires ont été omises ou si le gouverneur, en conseil privé, estime que les allocations portées pour une ou plusieurs de ces dépenses sont insuffisantes, le gouverneur y pourvoit provisoirement à l'aide du fonds de dépenses diverses et imprévues.

En cas d'insuffisance de ce fonds, il en réfère au ministre, qui, sur sa proposition, inscrit d'office les dépenses omises ou augmente les allocations.

Il est pourvu par le gouverneur, en conseil privé, à l'acquittement de ces dépenses au moyen soit d'une réduction des dépenses facultatives, soit d'une imputation sur les fonds libres, ou, à défaut, par une augmentation du tarif des taxes.

Art. 9. Les dépenses votées par le conseil général à la deuxième section du budget ne peuvent être changées ni modifiées par le gouverneur, sauf dans le cas prévu par l'article précédent, et à moins que les dépenses facultatives n'excèdent les ressources ordinaires de l'exercice après prélèvement des dépenses obligatoires.

Le ministre de la marine et des colonies prononce définitivement sur ces changements ou modifications.

Art. 10. Si le conseil général ne se réunissait pas, ou s'il se séparait sans avoir voté le budget, le ministre de la marine et des colonies l'établirait d'office, sur la proposition du gouverneur, en conseil privé.

Art. 11. Les séances du conseil général ne sont pas publiques.

Le conseil général peut ordonner la publication de tout ou partie de ses délibérations ou procès-verbaux. Le nom des membres qui ont pris part aux discussions n'est pas mentionné.

Le conseil général peut adresser directement au ministre de la marine et des colonies, par l'intermédiaire de son président, les réclamations qu'il aurait à présenter dans l'intérêt spécial de la colonie, ainsi que son opinion sur l'état et les besoins des différents services publics de la colonie.

Art. 12. Sont abrogés les articles 13, 14, 15 et 16 du sénatus-consulte du 3 mai 1854 et les dispositions des articles 4 et 5 en ce qu'elles ont de contraire au présent sénatus-consulte.

Délibéré et voté en séance, au palais du Sénat, le 19 juin 1866.

Le Président,

• *Signé* TROPLONG.

Les Secrétaires,

Signé FERDINAND BARROT, comte BOULAY (de la Meurthe),
général baron CHARON.

Vu et scellé du sceau du Sénat :

Le Sénateur Secrétaire,

Signé FERDINAND BARROT.

Mandons et ordonnons que les présentes, revêtues du sceau de l'État et insérées au *Bulletin des lois,* soient adressées aux cours, aux tribunaux et aux autorités administratives, pour qu'ils les inscrivent sur leurs registres, les observent et les fassent observer, et notre ministre de la justice et des cultes est chargé d'en surveiller la publication.

Fait au palais des Tuileries, le 4 juillet 1866.

Signé NAPOLÉON.

Vu et scellé du grand sceau :   Par l'Empereur :

Le Garde des sceaux, Ministre secrétaire d'État   Le Ministre d'État,
au département de la justice et des cultes,

Signé E. ROUHER.

Signé J. BAROCHE.

5° Rapport à l'Empereur au sujet du mode d'approbation des délibérations des conseils généraux des colonies.

Paris, le 14 juillet 1866.

Sire,

Le sénatus-consulte du 4 de ce mois a appelé les conseils généraux des colonies à délibérer sur :

1" Les emprunts à contracter et les garanties pécuniaires à consentir ;

2° L'acceptation ou le refus des dons et legs faits à la colonie en dehors des conditions spécifiées au § 7 de l'article 1er;

3° Le mode de recrutement et de protection des immigrants ;

4° Le mode d'assiette et les règles de perception des contributions et taxes ;

5° Les frais de matériel des services de la justice et des cultes, les frais de personnel et de matériel du secrétariat du gouvernement, de l'instruction publique, de la police générale, des ateliers de discipline et des prisons ;

6° Le concours de la colonie dans les dépenses des travaux qui intéressent à la fois la colonie et les communes ;

7° La part de la dépense des aliénés et des enfants assistés à mettre à la charge des communes, et les bases de la répartition à faire entre elles ; le règlement d'admission dans un établissement public des aliénés dont l'état n'est pas compromettant pour l'ordre public et la sûreté des personnes ;

8° L'établissement, le changement ou la suppression des foires et marchés,

Et l'article 3 a prescrit qu'un règlement d'administration publique déterminât le mode d'approbation des délibérations prises par les conseils sur ces matières.

Je viens donc soumettre à Votre Majesté un projet de règlement qui a pour but de satisfaire à ces prescriptions.

Par ce projet, je propose de remettre à l'Empereur, en son conseil d'État, le soin d'approuver les délibérations des conseils généraux en ce qui concerne :

1° Les emprunts ;

2° L'acceptation ou le refus des dons et legs, lorsque ces actes donnent lieu à des réclamations, ou contiennent des charges ou des affectations immobilières ;

3° Enfin, le mode de recrutement et de protection des immigrants.

Pour ces trois objets, il ne me paraît pas possible d'abandonner la décision définitive aux pouvoirs coloniaux.

En ce qui touche les emprunts, il y aurait, selon moi, de véritables inconvénients à ce que les conseils généraux, même avec l'approbation des gouverneurs, pussent les contracter. Une facilité trop grande accordée à ce sujet aurait nécessairement pour conséquence de grever l'avenir. La première autorité de la colonie aurait elle-même souvent bien de la peine à résister à l'entraînement général, lorsqu'il s'agirait d'exécuter en peu de temps des travaux importants et utiles auxquels on aime toujours à rattacher le souvenir de son administration.

Aussi, malgré mon désir de laisser une grande latitude aux conseils généraux des colonies pour la gestion des affaires locales, je n'hésite pas à demander à Votre Majesté que l'approbation des délibérations relatives à des emprunts ne puisse être donnée que par l'Empereur, en conseil d'État.

J'ajoute que la dernière loi sur les attributions des conseils généraux en France, en accordant à ces conseils le pouvoir de voter des emprunts, a déclaré cependant que le .remboursement devrait en être effectué en douze années, soit au moyen des ressources ordinaires, soit au moyen de centimes extraordinaires, dont le maximum est fixé chaque année par la loi de finances. Une limite se trouve donc ainsi posée au pouvoir des conseils généraux pour les emprunts. Le régime financier des colonies ne permet pas l'application d'une semblable limite : aussi le sénatus-consulte a-t-il dû subordonner l'approbation des délibérations des conseils des colonies, relativement aux emprunts, à une autorité supérieure.

Quant à l'acceptation ou au refus des dons et legs faits à la colonie, lorsque ces dons ou legs renferment des charges ou une affectation immobilière, ou lorsqu'ils donnent lieu à des réclamations, c'est encore, à mon avis, à l'Empereur, en son conseil d'Etat, qu'il faut remettre le soin d'approuver les délibérations prises par les conseils à ce sujet.

C'est un principe général de notre droit public, en France, qu'il faut un acte du chef de l'Etat pour statuer sur les dons et legs faits à des établissements publics. L'arrêté du 4 pluviôse an XII et les décrets des 12 août 1807 et 30 décembre 1809 sont explicites à cet égard ; et si, postérieurement, on a pensé que le conseil d'État ne devait pas être appelé à prononcer lorsqu'il n'y avait ni affectations immobilières, ni réclamations, on a toujours admis que, dans le cas contraire, les prescriptions antérieures devaient être observées. Il y a dans l'examen de ces affaires des considérations d'ordre public qui ont toujours fait regarder comme nécessaire l'intervention du conseil d'État.

Les délibérations relatives au mode de recrutement et à la protection des immigrants me paraissent aussi devoir être soumises à l'approbation de Votre Majesté, en son conseil d'État.

Le recrutement des immigrants, la protection dont ils doivent être entourés dans nos colonies, touchent à des intérêts d'un ordre trop élevé pour qu'on en laisse la réglementation aux mains des autorités coloniales. En effet, souvent le recrutement dans telle ou telle contrée est autorisé en vertu de conventions, de traités avec d'autres puissances, et les conditions de protection ont pu faire l'objet de stipulations expresses. Au surplus, les décrets des 13 février et 27 mars 1852 ont statué sur le mode de recrutement et la protection des immigrants, et, s'il est utile que les conseils généraux soient appelés à faire connaître les améliorations qu'on peut introduire dans ce qui existe, il est évident que leurs délibérations sur cet important sujet ne sauraient être soumises à une autre approbation que celle de l'Empereur, en son conseil d'État. Enfin, les règles tracées par les décrets de 1852, que je viens de rappeler, ainsi que les compétences établies par ces actes, ne sauraient être modifiées que par des décrets rendus dans la même forme.

L'approbation des délibérations prises par les conseils généraux, en vertu des cinq derniers paragraphes de l'article 3, devra, selon moi, être donnée définitivement par le gouverneur, si ce n'est en ce qui concerne le mode d'assiette et les règles de perception des contributions et des taxes.

Le sénatus-consulte de 1854 avait réservé au règlement d'administration publique le soin de statuer sur ce dernier objet. Je considère que ce régime, qui entraîne nécessairement des lenteurs, ne doit pas être maintenu ; mais, comme le mode d'assiette et les règles de perception des contributions et des taxes peuvent toucher à des principes d'ordre public, il m'a semblé que, s'il y avait intérêt à ce que les délibérations des conseils généraux pussent être rendues provisoirement exécutoires par le gouverneur, en conseil privé, elles ne devaient devenir définitives qu'en vertu d'un décret impérial rendu sur le rapport du ministre.

Telles sont les bases du projet de règlement d'administration publique que j'ai l'honneur de soumettre à Votre Majesté, et que je la prie de vouloir bien renvoyer à l'examen du conseil d'Etat.

Je suis, etc.

Le ministre secrétaire d'État de la marine et des colonies,

Signé P. CHASSELOUP-LAUBAT.

6° Décret du 11 août 1866 déterminant le mode d'approbation des délibérations des conseils généraux des colonies.

NAPOLÉON, par la grâce de Dieu et la volonté nationale, Empereur des Français, à tous présents et à venir, SALUT.

Sur le rapport de notre ministre secrétaire d'État au département de la marine et des colonies;

Vu le sénatus-consulte du 4 juillet 1866 sur la constitution des colonies de la Martinique, de la Guadeloupe et de la Réunion, et notamment le dernier paragraphe de l'article 3, ainsi conçu :

« Un règlement d'administration publique déterminera le mode « d'approbation des délibérations prises par le conseil général « en vertu du présent article »;

Notre conseil d'État entendu ;

Avons décrété et décrétons ce qui suit :

Art. 1er. Les délibérations du conseil général sur les matières énoncées en l'article 3 du sénatus-consulte du 4 juillet 1866 sont approuvées, savoir :

Par décret de l'Empereur, rendu en la forme de règlement d'administration publique, en ce qui concerne :

Les emprunts à contracter et les garanties pécuniaires à consentir ;

L'acceptation ou le refus des dons et legs donnant lieu à réclamation, ou faits à la colonie avec charge ou affectation immobilière ;

Le mode de recrutement et de protection des immigrants ;

Par décret de l'Empereur, rendu sur le rapport du ministre de la marine et des colonies, en ce qui concerne :

Le mode d'assiette et les règles de perception des contributions et taxes;

Toutefois, un arrêté du gouverneur en conseil privé peut rendre les délibérations sur ces objets provisoirement exécutoires ;

Par arrêtés du gouverneur, rendus en conseil privé, en ce qui concerne :

Les frais de matériel des services de la justice et des cultes ; les frais de personnel et de matériel du secrétariat du gouvernement, de l'instruction publique, de la police générale, des ateliers de discipline et des prisons ;

Le concours de la colonie dans les dépenses des travaux qui intéressent à la fois la colonie et les communes ;

La part de la dépense des aliénés et des enfants assistés à mettre à la charge des communes, et les bases de la répartition à faire entre elles ; le règlement d'admission dans un établissement public des aliénés dont l'état n'est pas compromettant pour l'ordre public et la sûreté des personnes ;

L'établissement, le changement ou la suppression des foires et marchés.

Art. 2. Notre ministre secrétaire d'État au département de la marine et des colonies est chargé de l'exécution du présent décret.

Fait au palais de Saint-Cloud, le onze août mil huit cent soixante-six.

Signé NAPOLÉON.

Par l'Empereur ,

*Le ministre secrétaire d'État au département
de la marine et des colonies.*

Signé P. Chasseloup-Laubat.

2° Instructions sur l'application du sénatus-consulte du 4 juillet et du règlement d'administration publique du 11 août 1866, sur la constitution des colonies de la Martinique, de la Guadeloupe et de la Réunion.

Paris, le 25 août 1866.

Monsieur le Gouverneur,

Je vous invite à promulguer dans la colonie le sénatus-consulte du 4 juillet dernier, qui modifie quelques articles du sénatus-consulte du 3 mai 1854, sur la constitution de nos colonies des Antilles et de la Réunion. Vous voudrez bien promulguer aussi le décret rendu en conseil d'Etat le 11 août 1866, relatif à l'application de l'article 3 du sénatus-consulte du 4 juillet.

Vous savez quelle est la pensée libérale qui a dicté ces divers actes. Le gouvernement de l'Empereur et le Sénat ont voulu donner aux colonies une grande liberté d'action. Désormais elles pourront régler elles-mêmes la plupart de leurs affaires ; maîtresses de tous leurs impôts, appelées à voter leurs budgets, elles ont tous les pouvoirs nécessaires pour développer leurs ressources comme aussi pour diminuer leurs dépenses.

C'est donc à leur propre initiative et à leurs propres efforts que les colonies doivent avoir recours aujourd'hui. Nulle entrave ne leur sera imposée de la part de la métropole ; la dernière loi sur la marine marchande va faire tomber dans quelque temps toute surtaxe de pavillon ; ainsi, pour leurs rapports commerciaux comme pour leurs intérêts intérieurs, elles pourront faire ce qui leur paraîtra le plus avantageux.

C'est une voie toute nouvelle dans laquelle, j'en ai la conviction, elles marcheront avec autant de résolution que de prudence, et qui a paru au gouvernement la seule qui pût les conduire à un état durable de prospérité.

Le conseil général, dont les attributions sont si étendues, comprendra qu'il a une grave responsabilité, et fera tous ses efforts pour réaliser les améliorations que peut réclamer la colonie.

Quant à vous, Monsieur le Gouverneur, vous vous pénétrerez des intentions toutes favorables qui ont fait naître les dispositions du nouveau sénatus-consulte ; si vous n'avez plus, comme autrefois, à prononcer sur certaines affaires dont la solution est désormais confiée au conseil général, vous avez à les préparer, à les éclairer, enfin à faire mettre le conseil en mesure de les résoudre avec une entière connaissance de cause. C'est surtout en portant la conviction dans les esprits que l'administration exerce une salutaire influence, et sa tâche devient d'autant plus facile qu'elle prend plus soin de répandre la lumière.

Je veux maintenant vous entretenir successivement des différentes prescriptions du sénatus-consulte, afin que la portée en soit parfaitement comprise.

Vous remarquerez d'abord qu'il appelle les conseils généraux, tantôt à *statuer* ou *voter*, tantôt à *délibérer*, tantôt à *donner leur avis*. Cette distinction est fondamentale : elle détermine des attributions différentes qu'il importe de bien distinguer ; il importe donc aussi que les procès-verbaux reproduisent avec soin, et ne confondent jamais dans leurs rédactions les ordres d'idées et les faits que ces expressions ont eu pour but de distinguer.

ARTICLE PREMIER.

Sous l'empire du sénatus-consulte de 1854, le conseil n'avait
pas à délibérer sur les matières énumérées aux quinze premiers paragraphes de cet article ; son rôle se bornait à donner
un avis lorsque l'administration jugeait à propos de le consulter.
Aujourd'hui, au contraire, le conseil a le droit de statuer sur ces
matières, et ce pouvoir n'a d'autre limite que celle imposée par
ce grand principe que toute autorité doit respecter la loi même
de sa compétence ; aussi le sénatus-consulte, en réservant au
gouverneur, par les deux derniers paragraphes de cet article, la
faculté de se pourvoir contre les décisions qui auraient enfreint
la règle, n'a-t-il fait que rappeler un principe de notre droit
public, dont il a même voulu que l'application ne pût être
demandée que dans un délai assez restreint.

Je n'entrerai pas dans le détail des matières sur lesquelles le
conseil aura ainsi à statuer ; elles sont nombreuses, importantes et constituent déjà de sérieuses attributions.

Mais, de plus, le conseil a le droit de voter les taxes et contributions de toute nature nécessaires pour l'acquittement des
dépenses de la colonie.

Sans doute le sénatus-consulte de 1854 avait aussi conféré au
conseil général le soin de voter ces taxes ; mais comme, aux
termes de l'article 16 de ce sénatus-consulte, ces tarifs ne devenaient valables qu'après avoir été approuvés par le gouverneur,
ce n'était en réalité qu'un avis que le conseil était appelé à
donner.

A l'avenir le tarif des taxes, tel qu'il aura été voté par le conseil, sera exécutoire, et il ne pourra subir de modification
que s'il est en contradiction avec le mode d'assiette déterminé
régulièrement, ou si, par suite d'omission dans le vote de dépenses obligatoires ou d'allocations insuffisantes pour ces dépenses,
il y a lieu de recourir à l'application du dernier paragraphe
de l'article 8.

Quant à la forme des décisions prises par le conseil, en vertu
de l'article 1er, il y a une distinction à faire. Pour les quinze premiers paragraphes comme pour le vote annuel du tarif des taxes et
contributions existantes, le conseil étant seul appelé à statuer,
l'administration ne doit intervenir que pour certifier l'exactitude
de la copie du procès-verbal de la délibération, et pour constater
que le Gouverneur n'a pas usé de la faculté de se pourvoir en

annulation. Cette double mention, mise par le directeur de l'intérieur au bas du procès-verbal de la délibération intervenue, suffira pour donner force exécutoire à la décision du conseil.

En ce qui concerne les tarifs des contributions et taxes nouvelles, comme ces tarifs doivent faire corps avec l'arrêté qui détermine le mode d'assiette et les règles de perception, il suffira de viser dans cet arrêté la date du vote du conseil. Toutefois, si le vote de ces contributions ou de ces taxes violait un principe de sénatus-consulte, de loi, de règlement, il y aurait lieu également d'appliquer les règles posées par les deux derniers paragraphes de l'article 1er.

Vous remarquerez, Monsieur le Gouverneur, que ces paragraphes limitent la faculté de se pourvoir en annulation aux seuls cas d'excès de pouvoir ou de violation d'un sénatus-consulte, d'une loi ou d'un règlement d'administration publique.

Ces limites ne sauraient sous aucun prétexte être franchies.

J'aime à croire, d'ailleurs, que les conseils généraux ne sortiront pas du cercle si étendu de leurs attributions, et respecteront toutes les prescriptions de la loi.

Cela leur sera d'autant plus facile que, dans l'instruction des affaires, l'administration aura tracé avec plus de soin la voie légale qui doit éviter de donner naissance à des pourvois en annulation, que je regretterais d'autant plus qu'ils pourraient avoir pour effet de compromettre l'autorité des actes de l'assemblée.

Art. 2.

Aux termes de cet article, le conseil général vote les tarifs d'octroi de mer. Ces tarifs ont jusqu'à ce jour été établis en vertu d'arrêtés de gouverneurs. A l'avenir ils seront votés par les conseils généraux. Mais il est bien entendu qu'il ne s'agit ici que de droits fiscaux qui doivent atteindre également tous les produits imposables, quels que soient leur provenance et le pavillon importateur.

Ces tarifs, promulgués dans la forme ordinaire, deviennent exécutoires; toutefois, s'ils étaient entachés d'excès de pouvoir, sans qu'il soit besoin d'une disposition expresse, mais en vertu du principe général de la loi du 14 octobre 1790, le recours au conseil d'Etat par la voie contentieuse resterait ouvert à l'administration.

Cet article 2 confère aussi au conseil général un droit considérable et depuis longtemps ambitionné par les colonies, celui de voter les tarifs de douane sur les produits étrangers naturels ou fabriqués, importés dans la colonie.

Voici les conséquences de cette disposition :

1º Les tarifs auxquels sont soumises les marchandises françaises sont maintenus [1] ; ils ne pourront être modifiés ou supprimés, de même qu'il ne sera possible d'en créer de nouveaux que dans les formes prescrites par les articles 4 et 5 du sénatus-consulte de 1854, c'est-à-dire par la loi, ou, en cas d'urgence, et dans l'intervalle des sessions, par un règlement d'administration publique dont la régularisation doit être demandée au Corps législatif.

2º Le régime d'assimilation créé par l'article 2 de la loi du 3 juillet 1861 est aboli ; à l'avenir, les tarifs douaniers édictés pour la métropole ne seront plus applicables de droit aux colonies, et tout tarif de douane sur les marchandises étrangères sera subordonné au vote du conseil général, qui ne pourra être rendu exécutoire que par décret de l'Empereur, le conseil d'Etat entendu.

Ainsi les colonies ne seront plus soumises à un régime douanier combiné quelquefois dans un tout autre intérêt que le leur. Les tarifs pourront être réglés par elles dans l'intérêt de leur industrie, de leur consommation et de leurs finances ; et si le gouvernement de l'Empereur a pensé que des actes aussi importants que ceux qui déterminent des tarifs de douane devaient être soumis à son approbation, il n'entend pas moins favoriser tout ce qui pourra tendre au développement des relations commerciales de nos établissements d'outre-mer. Je vous recommande de vous préoccuper, dès à présent, des modifications qu'il pourrait paraître désirable à la colonie d'introduire dans les tarifs de douane sur les marchandises étrangères. Il sera utile de réunir tous les documents qui peuvent en faire apprécier la portée, au double point de vue de l'intérêt commercial et financier des colonies.

---

[1] En l'état actuel de la législation, toutes les marchandises françaises sont admises en franchise de droits dans les colonies de la Martinique et de la Guadeloupe. Il en est de même à la Réunion, sauf l'exception inscrite dans l'ordonnance du 18 octobre 1846 (art. 2, § 1er), et concernant les *Eaux-de-vie de vin et autres*, qui sont soumises à un droit d'entrée de 50 francs par hectolitre de liquide. C'est cette disposition qu'a eu en vue l'article 5 de la loi du 3 juillet 1861.

Le sénatus-consulte du 4 juillet n'a rien innové en ce qui concerne le régime de la navigation. Sous ce rapport, les choses restent donc dans l'état où les a placées le sénatus-consulte de 1854, et le conseil n'a pas à intervenir, si ce n'est lorsque son avis lui est demandé.

Au surplus, comme je l'ai déjà dit, toutes les surtaxes de pavillon doivent disparaître dans un délai de trois ans, aux termes de la loi du 19 mai 1866.

Mais l'établissement des taxes accessoires de navigation, telles que droits de quai, de phare, de pilotage, etc, reste soumis aux règles applicables aux autres taxes locales, c'est-à-dire que les tarifs seront arrêtés par le conseil général. Cette règle ne doit souffrir d'exception qu'en ce qui concerne les droits de tonnage proprement dits, qui, conformément à l'article 4 de la loi précitée, doivent être fixés par un règlement d'administration publique ; ces droits ne peuvent être établis qu'afin de procurer les ressources nécessaires pour exécuter certains travaux maritimes ; enfin, ils doivent être renfermés dans le maximum de 2 fr. 50 c. par tonneau, décime compris, et atteindre d'une manière égale tous les navires sans distinction de pavillon. Je ne crois pas avoir besoin d'ajouter que cette dernière condition est aussi applicable aux taxes accessoires de navigation.

Art. 3.

Cet article détermine les matières sur lesquelles le conseil est appelé à *délibérer*.

Les délibérations prises en vertu de cet article ne sont donc définitives qu'autant qu'elles ont été approuvées par l'autorité à laquelle elles doivent être soumises, et que le décret en date du 11 août 1866 a fait connaître.

Ce décret, ainsi que vous pouvez le voir, a simplifié les rapports de la colonie avec l'administration supérieure.

Si, par des motifs que vous trouverez exposés dans mon rapport à l'Empereur, on a confié à des décrets rendus en conseil d'Etat le soin d'approuver les délibérations relatives à des emprunts, à des acceptations ou refus de legs qui donnent lieu à des réclamations, enfin au mode de recrutement et de protection des immigrants, c'est à vous qu'il appartient d'approuver les délibérations relatives aux autres matières indiquées dans ledit article, sauf, toutefois, les délibérations sur le mode d'assiette et les règles de perception des contributions et taxes qui doivent être soumises à l'approbation de l'Empereur. Et encore, pour ce dernier objet, vous avez même le pouvoir d'approuver, à titre provisoire, par arrêté rendu en conseil privé, les délibérations qui y sont relatives. La colonie se trouve donc ainsi en mesure de réaliser des ressources au moment même où le besoin s'en fait sentir ; mais le pouvoir qui vous est attribué et qui ne peut procurer aux délibérations dont il s'agit qu'une approbation provisoire, ne doit être exercé par vous qu'exceptionnellement, en cas d'urgence; autrement ce serait s'éloigner de la pensée qui a dicté le décret du 11 août 1866. Les exceptions doivent être d'autant plus rares que l'instruction de ces sortes d'affaires va se trouver très-abrégée par la disposition qui permet, pour arriver à une approbation définitive, de recourir au décret rendu seulement sur le rapport du ministre.

Art. 4.

Je n'ai qu'une observation à vous adresser au sujet de cet article ; c'est que, si l'administration est tenue de prendre l'avis de l'Assemblée sur les affaires dont il donne la désignation, le conseil ne saurait s'en saisir directement, et doit attendre les propositions de l'administration.

Art. 5, 6, 7, 8, 9.

Les articles 5 et 6 règlent le régime financier des colonies.

C'est en se plaçant au point de vue où s'était mise l'Assemblée constituante, en 1791, que le sénatus-consulte a déterminé ce régime. Son but est de réaliser autant que possible la pensée du décret du 15 juin-10 juillet 1791, qui déclarait que, si les colonies ne devaient pas être pour la métropole une source de revenus, elles ne devaient pas être non plus pour elle une cause de dépenses.

C'était, il faut le reconnaître, poser un principe équitable par rapport à l'État, mais tout à fait favorable pour nos établissements d'outre-mer. En effet, pendant que toutes les parties du territoire continental de la France étaient appelées à subvenir aux dépenses de toutes sortes de l'État, qu'elles devaient satisfaire au payement de la dette publique, à l'entretien de l'armée, de la marine, et enfin supporter aussi les dépenses locales des communes et des départements , l'Assemblée constituante ne voulait demander aux colonies que de subvenir à leurs propres dépenses.

Sans doute, la situation exceptionnelle dans laquelle étaient placés nos établissements d'outre-mer, le régime commercial qui résultait pour elles de ce qu'on a appelé le Pacte colonial, les obligations, les restrictions qui leur étaient imposées dans l'intérêt de l'industrie et du commerce métropolitains, motivaient largement les dispositions du décret de 1791 ; mais il n'est pas moins vrai qu'au point de vue financier le principe de ce décret était autrement avantageux aux colonies que leur assimilation complète à des départements français, assimilation qui aurait eu pour première conséquence de faire prélever au profit de l'État le principal des contributions de toute nature et de ne laisser pour les dépenses locales que les centimes additionnels.

Le sénatus-consulte du 4 juillet a donc voulu maintenir l'abandon qui avait été fait aux colonies de toutes leurs ressources. Les impôts qui, dans la métropole, sont la source des revenus de l'État, tels que ceux de l'enregistrement, des contributions indirectes, des douanes, etc., tout est laissé au budget local; mais, par contre, ce budget doit supporter les dépenses de toute nature nécessitées par l'administration et les travaux de la colonie ; et si, dans un intérêt de dignité qui se comprend, certaines dépenses, comme celles de la justice, du culte, restent à la charge de l'État, le sénatus-consulte prévoit qu'un contingent peut être réclamé de la colonie jusqu'à concurrence de ces dépenses, sans pouvoir en excéder la limite. De plus, dans sa bienveillance pour des situations difficiles, mais qui, je l'espère, ne seront que temporaires, le sénatus-consulte prévoit la possibilité de suppléer à ce qui fera défaut au budget local pour l'acquittement des dépenses nouvelles laissées à sa charge, et déclare que des subventions pourront être allouées aux colonies par la loi de finances.

Les choses sont ainsi mieux pondérées; la part respectivement faite au budget de l'Etat et au budget de la colonie repose sur un principe dont on ne saurait contester l'équité, et le contingent que l'Etat se réserve de réclamer d'elle est fondé sur une base parfaitement déterminée.

Vous trouverez ci-joint le tableau des dépenses déclassées du budget de l'Etat, et dont l'imputation doit, à dater du 1er janvier prochain, figurer au budget local.

Vous êtes autorisé à porter en recette une somme égale à titre de subvention.

J'ignore si, au budget de 1868, la subvention pourra atteindre
le même chiffre. Le conseil général doit, dans tous les cas,
faire ses efforts pour restreindre, autant que possible, les dépenses des services qui aujourd'hui sont à sa charge.

Enfin, vous comprendrez dans les recettes ordinaires les
recouvrements opérés sur les frais de justice, dont la dépense doit incomber au budget local.

Veuillez faire préparer, en conséquence, le projet de budget
qui doit être soumis au conseil général pour l'exercice prochain.

Le régime financier ainsi établi, le sénatus-consulte du
4 juillet a voulu accorder aux conseils généraux les pouvoirs les
plus étendus ; pour en faire l'application, il a voulu que ces
conseils eussent la faculté de réaliser toutes les économies
qu'ils croiraient possibles, comme aussi de créer toutes les
ressources nécessaires.

En effet, la nomenclature des dépenses obligatoires, placée
par l'article 14 du sénatus-consulte de 1854 dans la compétence du décret, avait été très-largement déterminée [1] et pouvait
encore être étendue ; d'ailleurs, et aux termes de l'article 16
du même acte, si les budgets et les tarifs des taxes locales
étaient arrêtés par le conseil général, « ils n'étaient valables
« qu'après avoir été approuvés par les gouverneurs, qui étaient
« autorisés à y introduire d'office les dépenses obligatoires
« auxquelles le conseil général aurait négligé de pourvoir, à
« réduire les dépenses facultatives, à interdire les taxes exces-
« sives ou contraires à l'intérêt général de la colonie, et à
« assurer, par des ressources suffisantes, l'acquittement des
« dépenses obligatoires. »

Aujourd'hui ces dispositions font place à un système qui
laisse la plus grande latitude aux conseils généraux pour l'établissement de leurs budgets.

Sans doute, aux termes de l'article 7, le budget reste divisé en
deux sections, la première comprenant les dépenses obligatoires, et la seconde les dépenses facultatives ; mais tandis que,
d'une part, les conseils généraux votent des taxes auxquelles,
comme on l'a vu, l'administration ne peut apporter de modification, de l'autre, la nomenclature des dépenses obligatoires
fixée par le sénatus-consulte lui-même dans d'étroites limites,

---

[1] Décret du 31 juillet 1855.

est déterminée ainsi d'une manière invariable; toutes les autres dépenses sont facultatives; je citerai spécialement celles de l'enregistrement, du timbre, des hypothèques, des douanes, des contributions diverses, des postes aux lettres, de la vérification des poids et mesures, des ponts et chaussées, hospices, etc. Il appartiendra au conseil général de statuer sur le chiffre des crédits à inscrire pour les besoins du personnel et du matériel de ces services.

Enfin, le gouverneur qui arrête le budget ne peut y introduire de changement qu'autant que le conseil général aurait omis d'y comprendre des dépenses obligatoires ou que les allocations portées pour ces dépenses seraient reconnues insuffisantes ; dans ce cas, le gouverneur y pourvoit à l'aide du fonds de dépenses diverses et imprévues mis à sa disposition, lequel est compris dans la 1re section du budget, et dont, chaque année, le ministre détermine le minimum.

C'est seulement en cas d'insuffisance de ce fonds que le ministre inscrit d'office la dépense obligatoire omise, ou en augmente l'allocation, et qu'il peut y avoir lieu à la réduction des dépenses facultatives, ou à une imputation sur les fonds libres, et à défaut, à une augmentation du tarif des taxes (art. 8).

En dehors de ce cas, et à moins que les dépenses facultatives ne dépassent les ressources ordinaires de l'exercice, après prélèvement des dépenses obligatoires, *aucune* des dépenses facultatives votées par le conseil général ne *peut* être changée ou modifiée (art. 9).

Vous voyez, Monsieur le Gouverneur, combien sont étendus les pouvoirs des conseils généraux pour le règlement de leurs recettes et de leurs dépenses. L'économie du budget tel qu'il aura été voté par le conseil général ne sera donc troublée que dans le cas de nécessité absolue.

J'aime à croire que le conseil, en inscrivant avec des allocations suffisantes toutes les dépenses obligatoires, ne fera pas naître cette nécessité, et que les remaniements de budget auxquels donnerait lieu l'application des articles 8 et 9 du sénatus-consulte seront bien rares. Lorsqu'il n'y aura pas urgence à faire ces changements dont il me sera toujours rendu compte, je désire que vous m'instruisiez préalablement des motifs qui peuvent les exiger ; car si je suis bien décidé à prendre et à vous autoriser à prendre, dans les limites posées par le sénatus-consulte, les mesures financières nécessaires pour assurer le payement des dépenses obligatoires, je suis non moins déterminé à entrer dans les vues du conseil général lorsqu'il proposera d'introduire des économies qu'on pourra raisonnablement imposer aux services compris dans la nomenclature de l'article 7.

Art. 10.

J'ai, sans doute, peu à me préoccuper de l'application de l'article qui déclare que, dans le cas où le conseil général ne se réunirait pas, ou se séparerait sans avoir voté le budget, le ministre l'établirait d'office sur la proposition du gouverneur ; ce sont de ces faits que la sagesse du législateur l'oblige à prévoir, alors même qu'ils sont le moins probables.

Il est évident qu'en des circonstances aussi exceptionnelles, et si le ministre n'avait pu être appelé, malgré toute la diligence de l'administration locale, à régler en temps utile le budget, le gouverneur devrait pourvoir provisoirement en conseil privé à l'ouverture des douzièmes nécessaires en recettes et en dépenses, en se conformant, d'ailleurs, de la façon la plus formelle, aux fixations du budget précédent.

C'est un pouvoir que, dès à présent, le ministre doit déléguer au gouverneur pour parer aux éventualités les moins présumables.

Art. 11.

Le sénatus-consulte du 4 juillet, comme celui de 1854, ne veut pas que les séances du conseil général soient publiques.

Vous savez qu'aux termes de l'article 10 du décret du 26 juillet 1854, le directeur de l'intérieur a entrée au conseil général, et assiste aux délibérations ; que, de plus, les autres chefs d'administration et de service peuvent être autorisés par vous à être entendus par le conseil sur les matières qui rentrent dans leurs attributions respectives.

Ces dispositions ne sont point abrogées, et il en résulte bien clairement qu'à part le directeur de l'intérieur, personne n'a le droit d'assister aux délibérations du conseil, c'est-à-dire à la discussion et au vote. Il importe d'autant plus que cette règle soit observée, que les attributions nouvelles données au conseil général sont plus étendues. Vous remarquerez que, parmi ces attributions, le conseil trouvera encore le droit d'autoriser la publication de tout ou partie des procès-verbaux de ses délibérations, et celui d'adresser directement au ministre de la marine et des colonies, par l'intermédiaire de son président, les réclamations qu'il aurait à présenter dans l'intérêt spécial de la colonie, ainsi que son opinion sur l'état et les besoins des différents services publics de la colonie.

Telles sont, Monsieur le Gouverneur, les observations que m'ont paru comporter l'application du sénatus-consulte du 4 juillet dernier et le règlement d'administration publique du 11 août 1866.

En vous invitant, le 4 juin 1864, à faire délibérer le conseil général sur les questions que soulevait cette réorganisation, je vous disais : « Le gouvernement de l'Empereur qui, vous le
« savez, n'a cessé de marcher dans des voies libérales, a pensé
« que le moment était venu d'appeler les colonies à prendre
« une part plus grande à la direction de leurs propres intérêts.

« Après leur avoir donné une liberté commerciale dont des
« événements malheureux ont pu arrêter l'essor, mais dont
« elles recueilleront un jour les bienfaits; après avoir constitué
« à leur profit des institutions de crédit; après avoir, autant
« que possible, assimilé leurs lois, leurs règlements aux lois
« et règlements de la métropole, l'intention de l'Empereur est
« de donner aux colonies les moyens d'user de leur initiative,
« de leur intelligence, et aussi de leur dévouement pour développer leur prospérité.

« C'est pour cela que je viens consulter leurs conseils ; ils
« comprendront, j'en suis certain, que si, d'un côté, le temps
« qui marche entraîne avec lui des progrès dont la sagesse
« veut toujours qu'on tienne compte, de l'autre, ce n'est pas
« en voulant aller trop vite qu'on arrive sûrement au but. »

Ce programme a été largement réalisé ; aucune liberté d'action compatible avec l'intérêt public n'a été refusée. Il ne faut pas, en effet, s'y tromper, le sénatus-consulte du 4 juillet a pu donner aux conseils généraux des colonies des pouvoirs encore plus étendus que ceux accordés par la loi, cependant si libérale, du 18 du même mois sur les attributions des conseils généraux de France, puisque, à raison même du régime financier adopté pour les colonies, il a été possible d'appeler leurs conseils à voter les tarifs de douane, les taxes et contributions de toute nature, et à régler les dépenses des services du domaine, de l'enregistrement, des contributions, des ponts et chaussées, des postes, etc. Ce sont là des attributions considérables qui doivent nécessairement rester, en France, entre les mains du pouvoir législatif ou du gouvernement.

Il était difficile d'ouvrir un champ plus vaste à l'action des conseils généraux des colonies; comme ceux de la métropole, ils pourront prendre l'initiative de mesures favorables aux intérêts qui leur sont confiés. Le gouvernement de l'Empereur envisage sans inquiétude les conséquences de cette large délégation de pouvoirs; il est convaincu que, par leur sagesse, comme par l'étude attentive des affaires sur lesquelles ils auront à prononcer, les conseils généraux se montreront à la hauteur de la mission qu'ils tiennent aujourd'hui du nouveau sénatus-consulte; il est convaincu qu'en s'unissant dans une commune pensée, en se prêtant en toute circonstance un mutuel appui, enfin en se plaçant au-dessus de toute stérile agitation, ils sauront, d'accord avec les administrations coloniales, dominer tout ce qui serait de nature à gêner le développement de la prospérité coloniale, et justifier la confiance qu'il a placée dans leur intelligence et leur bon esprit.

J'ai fait imprimer et réunir tous les documents officiels relatifs aux deux actes que je viens de rappeler. Je vous envoie 50 exemplaires de ce recueil.

Recevez, Monsieur le Gouverneur, l'assurance de ma considération très-distinguée.

Le ministre secrétaire d'État de la marine et des colonies.

Signé P. DE CHASSELOUP-LAUBAT.

TABLEAU

Tableau des dépenses transportées aux budgets locaux en exécution de l'article 5 du sénatus-consulte du 4 juillet 1866.

Martinique.

NATURE DES DÉPENSES.	CRÉDITS ALLOUÉS pour l'exercice 1866.
CHAPITRE XXI.	
PERSONNEL CIVIL ET MILITAIRE.	
ARTICLE 1er. — SERVICES CIVILS.	
Secrétariat du gouvernement et du conseil privé..................................	fr. c. 7,950 »
1 secrétaire archiviste (sous-commissaire)..................... 5,000 »	
1 commis expéditionnaire près le conseil privé.................. 2,550 »	
Frais de bureau pour le conseil privé........................ 400 »	
7,950 »	
Administration civile.....................	18,000 »
1 directeur de l'intérieur......... 18,000 »	
Service des ports.........................	19,300 »
1 capitaine de port à Fort-de-France :	
Traitement..................... 5,000 »	
Frais de bureau................. 200 »	
Abonnement de canotiers , achat et entretien de canots............ 1,800 »	
A reporter........... 7,000 »	
A reporter..... 43,250 »	

NATURE DES DÉPENSES.	CRÉDITS ALLOUÉS pour l'exercice 1866.
	fr. c.
Report....	45,250 »
Report..... 7,000 »	
1 capitaine de port à Saint-Pierre :	
Traitement............. 4,000 »	
Frais de bureau......... 200 »	
Abonnement de canotiers, achat et entretien de canots................ 1,800 »	
6,000 »	
1 lieutenant de port à Fort-de-France................. 3,300 »	
1 maître de port à Fort-de-France. 3,000 »	
19,300 »	
Instruction publique.....:...........	50,000 »
Agents divers......................	7,520 »
1 huissier du conseil privé........ 1,600 »	
4 concierges des hôtels du Gouvernement .... 3,400 »	
2 jardiniers................ 1,800 »	
1 garçon de bureau.......... 720 »	
7,520 »	
Dépenses accessoires..................	2,800 »
Hôpitaux...................,.......	2,800 »
5 officiers, donnant, pour l'année, 1,825 journées, dont le 30e pour l'hôpital est de 61 journées, à 10 francs l'une............... 610 »	
9 agents subalternes, donnant pour l'année 3,285 journées, dont le 9e pour l'hôpital est de 365 journées à 6 francs l'une............... 2,190 »	
2,800 »	
A reporter....	108,370 »

NATURE DES DÉPENSES.	CRÉDITS ALLOUÉS pour l'exercice 1866.
	fr. c.
Report....	108,370 »
A déduire : 1/30e pour les incomplets et pour le produit présumé des retenues à opérer sur la solde des officiers admis aux hôpitaux................................	3,612 33
	104,757 67
Total du chapitre XXI (en somme ronde).	104,750 »
CHAPITRE XXII.	
MATÉRIEL CIVIL ET MILITAIRE.	
ARTICLE 1er. — SERVICES CIVILS.	
Travaux des ports et rades....... 29,000 »	
Édifices publics................. 25,000 »	54,000 »
ARTICLE 3. — DÉPENSES DIVERSES ET D'INTÉRÊT GÉNÉRAL.	
Loyers et ameublements......... 60,000 »	
Frais d'impressions et de reliure, achat de registres, affiches, publications, abonnement aux journaux et aux recueils administratifs, achat de livres, etc........ 15,000 »	
Frais de justice et de procédure.. 45,000 »	
Introduction de travailleurs aux colonies..................... 72,000 »	192,000 »
Total du chapitre XXII.	246,000 »
Report du total du chapitre XXI.	104,750 »
TOTAL GÉNÉRAL....	350,750 »

Guadeloupe.

NATURE DES DÉPENSES.	CRÉDITS ALLOUÉS pour l'exercice 1866.
CHAPITRE XXI.	
PERSONNEL CIVIL ET MILITAIRE.	
ARTICLE 1er. — SERVICES CIVILS.	
	fr. c.
Secrétariat du gouvernement et du conseil privé................................	9,900 »
1 secrétaire archiviste............ 5,000 »	
1 commis aux archives et au secrétariat du conseil privé......... 2,550 »	
1 écrivain..................... 1,950 »	
Frais de bureau pour le conseil privé 400 »	
9,900 »	
Administration civile...................	18,000 »
1 directeur de l'intérieur......... 18,000 »	
Service des ports.......................	25,300 »
2 capitaines de port à la Basse-Terre et à la Pointe-à-Pitre..........	
Traitement, indemnité de logement, frais de bureau, entretien des canots, à 6,000 francs chacun ..... 12,000 »	
4 lieutenants de port au Moule, à Marie-Galante, à Saint-Martin et aux Saintes :	
2 à 2,500............... 5,000 »	
2 à 1,800............... 3,600 »	
8.600 »	
2 maîtres de port à la Basse-Terre et à la Pointe-à-Pitre :	
1 à 2,200, 1 à 2,500............ 4,700 »	
25,300 »	
A reporter.....	53,200 »

NATURE DES DÉPENSES.	CRÉDITS ALLOUÉS pour l'exercice 1866.
	fr. c.
Report....	53,200 »
Subvention à l'instruction publique......	100,000 »
Agents divers........................	6,520 »
1 huissier du conseil privé....... 1,200 »	
4 concierges................... 3,400 »	
1 jardinier.. .... 1,200 »	
1 garçon de bureau.............. 720 »	
6,520 »	
Dépenses accessoires....................	3,040 »
Hôpitaux.............................	3.164 »
8 officiers, donnant pour l'année 2,920 journées, dont le 30e pour l'hôpital est de 98 journées, à 10 francs................... 980 »	
9 agents subalternes, donnant pour l'année 3,285 journées, dont le 9e pour l'hôpital est de 364 journées à 6 francs l'une.............. 2,184 »	
3,164 »	
	165,924 »
A déduire : 1/30e pour incomplets et pour le produit présumé des retenues sur la solde...........................	5,530 80
	160,393 20
Total du chapitre XXI (en somme ronde)..	160,400 »

CHAPITRE XXII.

MATÉRIEL CIVIL ET MILITAIRE.

ARTICLE 1er. — SERVICES CIVILS.

Ports et rades .... 20,000 »	
Édifices publics .... 7,000 »	
A reporter.....	27,000 »

NATURE DES DÉPENSES.	CRÉDITS ALLOUÉS pour l'exercice 1866.
	fr. c.
Report.....	27,000 »
ARTICLE 3.—DÉPENSES DIVERSES ET D'INTÉRÊT GÉNÉRAL.	
Loyers et ameublements...................	75,000 »
Frais d'impression, de reliure, d'achat de registres, etc...........................	17,000 »
Frais de justice et de procédure...........	45,000 »
Introduction de travailleurs aux colonies...	150,000 »
Total du chapitre XXII.	314,000 »
Report du total du chapitre XXI.	160,400 »
TOTAL GÉNÉRAL,...	474,400 »

Réunion.

NATURE DES DÉPENSES.	CRÉDITS alloués pour l'exercice 1866.
CHAPITRE XXI.	
PERSONNEL CIVIL ET MILITAIRE.	
ARTICLE 1er. — SERVICES CIVILS.	
	fr. c.
Secrétariat du gouvernement et du conseil privé.....................	9,700 »
1 secrétaire archiviste............ 5,000 »	
2 commis expéditionnaires........ 4,300 »	
Frais de bureau du conseil privé.. 400 »	
9,700 »	
Administration civile....................	18,000 »
1 directeur de l'intérieur........ 18,000 »	
Service des ports	36,600 »
1 capitaine de port à Saint-Denis... 8,000 »	
1 lieutenant de port à Saint-Denis. 6,000 »	
2 lieutenants de port à Saint-Paul et à Saint-Pierre, à 4,000 francs 8,000 »	
1 maître de port à Saint-Denis... 3,600 »	
Loyers de noirs et d'embarcations légères...................... 11,000 »	
36,600 »	
Subvention à l'instruction publique.......	7,000 »
Agents divers...........................	1,940 »
1 concierge de l'hôtel du gouvernement........................ 1,340 »	
1 garçon de bureau............. 600 »	
1,940 »	
A reporter....	73,240 »

NATURE DES DÉPENSES.	CRÉDITS alloués pour l'exercice 1806.
	fr. c.
Report....	73,240 »
Dépenses accessoires....................	2,660 »
Dépenses des hôpitaux	1,100 »
Calcul de la dépense :	
9 officiers, donnant pour l'année 3,285 journées, dont le 30ᵉ pour l'hôpital est de 110 journées à 10 francs l'une.. 1,100 »	
	77,000 »
A déduire pour les incomplets et pour le produit présumé des retenues sur la solde...	2,566 67
	74,433 33
Total du chapitre XXI (en somme ronde).	74,450 »

CHAPITRE XXII.

MATÉRIEL CIVIL ET MILITAIRE.

ARTICLE 1ᵉʳ. — SERVICES CIVILS.

Ports et rades..................,..... 10,000 »	
Édifices publics................ 20,000 »	
	30,000 »

ARTICLE 3. — DÉPENSES DIVERSES.

Loyers et ameublements.......... 40,000 »	
Frais d'impression, de reliure, etc.. 18,500 »	
Frais de justice et de procédure... 34,000 »	
	92,500 »
Total du chapitre XXII.	122,500 »
Report du total du chapitre XXI.	74,450 »
TOTAL GÉNÉRAL..	196,950 »

www.ingramcontent.com/pod-product-compliance
Lightning Source LLC
LaVergne TN
LVHW050622060726
842527LV00004B/1152